Série: Biblioteca do Lar Cristão

1

O Maior Discurso De Cristo

Explicação do Sermão da Montanha, versículo por versículo

Edição original

Ellen G. White

Copyright ©2023
LS COMPANY
ISBN: 978-1-0881-6694-9

Contenido

Prefácio 5

Capítulo 1—Na Encosta da Montanha 7

Capítulo 2—As Bem Aventuranças 10

Capítulo 3—A Espiritualidade da Lei 33

Capítulo 4—O Verdadeiro Motivo no Serviço 53

Capítulo 5—A Oração do Senhor 68

Capítulo 6—Não Julgar, mas Praticar 80

Prefácio

O Sermão da Montanha é a bênção que o Céu confere ao mundo -- uma voz vinda do trono de Deus. Foi dado à humanidade para lhe ser como que a lei do dever e a luz dos Céus, sua esperança e consolo no desânimo, a alegria e conforto em todas as vicissitudes da vida. Aí o Príncipe dos pregadores, o Grande Mestre, pronuncia as palavras que Lhe foram confiadas pelo Pai.

As Bem-aventuranças são as lembranças de Cristo, não unicamente aos que crêem, mas a toda a família humana. Dir-se-ia que Se houvesse esquecido por um momento de que Se achava no mundo e não no Céu; e serve-Se da saudação familiar no mundo da luz. Bênçãos Lhe dimanam dos lábios como mananciais de abundante torrente de vida, por muito tempo contidos.

Cristo não nos deixa em dúvida quanto aos traços de caráter que sempre reconhecerá e abençoará. Dos ambiciosos dignitários do mundo, volve-Se para aqueles a quem eles desprezam, pronunciando uma bênção sobre todos os que recebem Sua luz e vida. Aos humildes de espírito, aos mansos, aos misericordiosos, aos que choram, aos desprezados, aos perseguidos, abre os braços acolhedores, dizendo: "Vinde a Mim, ... e Eu vos aliviarei."

Cristo pode contemplar a miséria do mundo sem uma sombra de tristeza por haver criado o homem. No coração humano vê mais do que o pecado, mais do que a miséria. Em Sua infinita sabedoria e amor vê as possibilidades do homem, as alturas que pode atingir. Sabe que, embora tenham os seres humanos abusado da misericórdia e destruído a dignidade que Deus lhes conferira, o Criador há de ser glorificado em sua redenção.

Através de todos os tempos conservarão o seu poder as palavras que Cristo pronunciou no Monte das Bem-aventuranças. Cada uma de suas sentenças é uma jóia do escrínio da verdade. Os princípios enunciados nesse sermão destinam-se a todos os séculos e a todas as classes de homens. Com divina energia expressa Cristo Sua fé e esperança, à medida que proclama bem-aventurados os que formaram caráter justo. Vivendo a vida do Doador da própria vida, mediante a fé nEle, cada qual pode alcançar a norma apresentada em Suas palavras. E. G. W.

Capítulo 1—Na Encosta da Montanha

Mais de mil e quatrocentos anos antes do nascimento de Jesus em Belém, os filhos de Israel se haviam reunido no belo vale de Siquém e, das montanhas que o ladeavam, ouviu-se a voz dos sacerdotes proclamando as bênçãos e as maldições -- "a bênção, quando ouvirdes os mandamentos do Senhor vosso Deus,... a maldição, se não ouvirdes". Deuteronômio 11:27, 28. E assim o monte de onde foram proferidas as bênçãos veio a ser conhecido por monte das bem-aventuranças. Não foi, no entanto, do monte Gerizim que foram proferidas as palavras que vêm como uma bênção ao mundo pecador e aflito. Israel deixou de atingir o elevado ideal que lhe fora proposto. Outro que não Josué devia conduzir Seu povo ao verdadeiro repouso da fé. Não mais é o monte Gerizim conhecido pelo monte das bem-aventuranças, mas aquela anônima montanha ao lado do lago de Genesaré, onde Jesus pronunciou as palavras de bênção dirigidas a Seus discípulos e à multidão.

Volvamos, em espírito, àquela cena e, ao sentarmo-nos com os discípulos na encosta do monte, penetremos nos pensamentos e no sentir que lhes enchia o coração. Compreendendo o que significavam as palavras de Jesus para os que as ouviam, nelas podemos distinguir uma nova vida e beleza, recolhendo para nós mesmos suas mais profundas lições.

Quando o Salvador começou Seu ministério, a concepção popular acerca do Messias e de Sua obra era de molde a incapacitar de todo o povo para O receber. O espírito da verdadeira devoção se havia perdido na tradição e no cerimonialismo, e as profecias eram interpretadas segundo os ditames de corações orgulhosos e amantes do mundo. Os judeus aguardavam Aquele que havia de vir, não como um Salvador do pecado, mas como um grande príncipe que poria todas as nações sob o domínio do Leão da tribo de Judá. Debalde João Batista, com o poder de esquadrinhar os corações, próprio dos antigos profetas, chamara ao arrependimento o povo. Em vão havia ele, à margem do Jordão, apontado a Jesus como o Cordeiro de Deus, que tira o pecado do mundo. Deus estava buscando encaminhar-lhes o espírito às profecias de Isaías quanto ao sofrimento do Salvador; mas não queriam ouvir.

Houvessem os mestres e guias de Israel se submetido a Sua graça transformadora, e Jesus deles teria feito embaixadores Seus entre os homens. Na Judéia fora primeiro proclamada a vinda do reino, e primeiro fora feito o chamado ao arrependimento. No ato de expulsar os profanadores do templo de Jerusalém, Jesus Se anunciara como o Messias -- Aquele que devia purificar a alma da contaminação do pecado, e tornar Seu povo um templo santo para o Senhor. Mas os dirigentes judaicos não se quiseram humilhar para receber o humilde Mestre de Nazaré. Em Sua segunda visita a Jerusalém, foi Ele acusado perante o Sinédrio, e unicamente o temor do povo impedira esses dignitários de tentar tirar-Lhe a vida. Foi então que, deixando a Judéia, iniciou Seu ministério na Galiléia.

Sua obra ali prosseguira por alguns meses antes de Ele fazer o Sermão do Monte. A mensagem que proclamara através da Terra -- "É chegado o reino dos Céus" (Mateus 4:17) -- atraíra a atenção de todas as classes, ateando-lhes ainda mais a chama de suas ambiciosas esperanças. A fama do novo Mestre estendera-se para além dos limites da Palestina e, não obstante a atitude dos superiores, propagava-se o sentimento de que Este poderia ser o esperado Libertador. Grandes multidões retardavam os passos de Jesus, e subia de ponto o entusiasmo popular.

Chegara o tempo em que os discípulos que mais de perto se haviam ligado a Cristo, se Lhe uniram mais diretamente à obra, a fim de que essas vastas multidões não fossem deixadas sem cuidado, como ovelhas que não tinham pastor. Alguns desses discípulos se haviam unido a Ele no início de Seu ministério, e quase todos os doze tinham vivido juntos, como membros da família de Jesus. Todavia também eles, mal-orientados pelos ensinos dos rabis, partilhavam da expectação popular de um reino terrestre. Não podiam compreender a maneira de agir de Jesus. Já tinham ficado perplexos e perturbados por Ele não fazer nenhum esforço para fortalecer Sua causa mediante o granjear o apoio dos sacerdotes e rabis, por nada fazer para estabelecer Sua autoridade como rei terrestre.

Grande era a obra ainda a fazer por esses discípulos antes de se acharem preparados para a sagrada missão que lhes seria confiada quando Jesus houvesse de ascender ao Céu. Todavia eles correspondiam ao amor de Cristo e, conquanto tardios de coração para crer, Jesus via neles aqueles a quem podia educar e disciplinar para Sua grande obra. E agora, que eles haviam estado com Jesus tempo suficiente para, em certa medida, estabelecer sua fé no divino caráter de Sua missão, e o povo também tivera provas de Seu poder, o qual não podiam pôr em dúvida, estava preparado o caminho para uma declaração dos princípios de Seu reino, os quais os ajudariam a compreender sua verdadeira natureza.

Sozinho sobre um monte próximo ao mar da Galiléia, Jesus passara toda a noite em oração por esses escolhidos. Ao alvorecer, chamara-os a Si e, com palavras de oração e instruções, impôs-lhes as mãos numa bênção, separando-os para a obra do evangelho.

Depois, dirigiu-Se com eles à praia onde, bem cedinho, já uma grande multidão começara a ajuntar-se.

Além da massa habitual vinda das cidades da Galiléia, havia grande número de pessoas da Judéia, e da própria Jerusalém; da Peréia e da população meio-pagã de Decápolis; da Iduméia, ao sul da Judéia, e de Tiro e Sidom, cidades fenícias à margem do Mediterrâneo. "Ouvindo quão grandes coisas fazia", eles "tinham vindo para O ouvir e serem curados das suas enfermidades,... porque saía dEle virtude, e curava a todos." Marcos 3:8; Lucas 6:17-19.

Depois, como a estreiteza da praia não oferecesse espaço para todos os que O desejavam ouvir ficarem ao alcance de Sua voz, nem mesmo de pé, Jesus abriu o caminho de volta para a encosta da montanha. Chegando a um lugar plano que proporcionava aprazível espaço para a vasta assembléia, sentou-Se na relva, e Seus discípulos e a multidão seguiram-Lhe o exemplo.

Como pressentindo algo acima do comum a sobrevir, os discípulos se haviam comprimido em torno do Mestre. Em vista dos acontecimentos daquela manhã eles experimentavam como que uma certeza de que seria anunciada qualquer coisa relativamente ao reino que, segundo ansiosamente esperavam, Ele devia em breve estabelecer. A multidão estava, também, possuída de um sentimento de expectação, e as faces ansiosas testemunhavam profundo interesse.

Enquanto ali estavam sentados na verde encosta, esperando as palavras do divino Mestre, encheu-se-lhes o coração de pensamentos da glória futura. Havia escribas e fariseus que antecipavam o dia em que eles teriam domínio sobre os odiados romanos, e possuiriam as riquezas e o esplendor do maior império do mundo. Os pobres camponeses e pescadores esperavam ouvir a certeza de que suas arruinadas cabanas, a escassa comida, a vida de labuta e o temor da miséria haviam de ser trocados por mansões de abundância e dias de felicidade. Em lugar da única e ordinária vestimenta que os cobria de dia e lhes servia de cobertor à noite, esperavam que Cristo lhes daria os ricos e custosos trajes de seus conquistadores.

Todos os corações fremiam com a orgulhosa esperança de que Israel seria em breve honrado diante das nações, como o escolhido do Senhor, e Jerusalém exaltada como cabeça de um reino universal.

Capítulo 2—As Bem Aventuranças

"E, abrindo a Sua boca, os ensinava, dizendo: Bem-aventurados os pobres de espírito, porque deles é o reino dos Céus." Mateus 5:2, 3. (A Trad. Brasileira diz "humildes de espírito".)

Como um ensino estranho e novo, estas palavras caem nos ouvidos da multidão admirada. Semelhante doutrina é contrária a tudo que ouviram dos sacerdotes e rabinos. Nela não vêem coisa alguma que lisonjeie seu orgulho ou lhes alimente as ambiciosas esperanças. Irradia, porém, deste novo Mestre um poder que os conserva como que presos. Dir-se-ia que a doçura do amor divino transcendesse de Sua presença, como da flor o perfume. Suas palavras caem "como chuva que desce sobre o prado. Como chuveiros que regam a terra". Salmos 72:6. Todos sentem instintivamente que existe um Ser capaz de ler os segredos da alma, e não obstante, deles Se aproxima com terna compaixão. Os corações a Ele se abrem e, à medida que O escutam, o Espírito Santo lhes desdobra alguma coisa do significado daquela lição de que a humanidade de todas as épocas carece.

Nos dias de Cristo os guias religiosos do povo julgavam-se ricos em tesouros espirituais. A oração do fariseu: "Ó Deus, graças Te dou, porque não sou como os demais homens" (Lucas 18:11), exprimia os sentimentos de sua classe e, em grande parte, da nação inteira. Mas na multidão que cercava Jesus, alguns havia que tinham a intuição de sua pobreza espiritual. Quando, na pesca miraculosa, se revelou o poder de Cristo, Pedro rojou-se aos pés do Salvador, exclamando: "Retira-Te de mim, Senhor, porque sou um homem pecador" (Lucas 5:8); assim na multidão reunida no monte havia almas que, na presença de Sua pureza, se sentiam desgraçadas, miseráveis, pobres, cegas e nuas (Apocalipse 3:17); e estas almejavam "a graça de Deus,... trazendo a salvação a todos os homens". Tito 2:11. Nessas almas, as palavras de saudação de Cristo despertaram esperança; viram que sua vida estava sob a bênção de Deus.

Jesus apresentara a taça de bênçãos aos que se julgavam ricos e de nada carecidos (Apocalipse 3:17), e eles, com escárnio, volveram costas à dádiva misericordiosa. Aquele que se julga são, que pensa ser razoavelmente bom e se satisfaz com o seu estado, não procura tornar-se participante da graça e justiça de Cristo. O orgulho não sente necessidade, fechando, pois, o coração a Cristo e às bênçãos infinitas que Ele veio dar. Não há lugar para Jesus no coração dessa pessoa. Os que são ricos e honrados aos próprios olhos, não oram com fé, para receberem a bênção de Deus. Presumem estar cheios, por isso se retiram vazios. Os que sabem que não se podem salvar a si mesmos, nem de si praticar qualquer ação de justiça, são os que apreciam o auxílio que Cristo pode conceder. São eles os pobres de espírito, aos quais Ele declara bem-aventurados.

Aquele a quem Cristo perdoa, faz Ele primeiro penitente, e é função do Espírito Santo convencer do pecado. Aqueles cujo coração foi movido pela convicção comunicada pelo Espírito de Deus, vêem que em si mesmos nenhum bem existe. Vêem que tudo que já fizeram está misturado com o próprio eu e o pecado. Como o pobre publicano, ficam a distância, não ousando erguer os olhos ao céu, e clamam: "Ó Deus, tem misericórdia de mim, pecador!" Lucas 18:13. Estes são abençoados. Há perdão para o penitente, pois Cristo é "o Cordeiro de Deus, que tira o pecado do mundo". João 1:29. A promessa de Deus é "Ainda que os vossos pecados sejam como a escarlata, eles se tornarão brancos como a neve: ainda que sejam vermelhos como o carmesim, se tornarão como a branca lã". "E vos darei um coração novo. ... E porei dentro de vós o Meu Espírito." Isaías 1:18; Ezequiel 36:26, 27.

Dos humildes de espírito, diz Jesus: "Deles é o reino dos Céus." Este reino não é, como esperavam os ouvintes de Cristo, um domínio temporal e terreno. Cristo estava a abrir aos homens o reino espiritual de Seu amor, Sua graça, Sua justiça. A insígnia do reino do Messias distingue-se pela imagem do Filho do homem. Seus súditos são os humildes de espírito, os mansos, os perseguidos por causa da justiça. Deles é o reino dos Céus. Conquanto não se tenha ainda realizado plenamente, iniciou-se neles a obra que os tornará "idôneos para participar da herança dos santos na luz". Colossences 1:12.

Todos os que têm a intuição de sua profunda pobreza de alma e vêem que em si mesmos nada possuem de bom, encontrarão justiça e força olhando a Jesus. Diz Ele: "Vinde a Mim todos os que estais cansados e oprimidos." Mateus 11:28. Ele vos ordena que troqueis a vossa pobreza pelas riquezas de Sua graça. Não somos dignos do amor de Deus, mas Cristo, nossa segurança, é digno, e capaz de salvar abundantemente todos os que forem a Ele. Qualquer que tenha sido vossa vida passada, por mais desanimadoras que sejam vossas circunstâncias presentes, se fordes a Jesus exatamente como sois, fracos, incapazes e em desespero, nosso compassivo Salvador irá grande distância ao vosso encontro, e em torno de vós lançará os braços de amor e as vestes de Sua justiça. Ele nos apresenta ao Pai, trajados nas vestes brancas de Seu próprio caráter. Ele roga a Deus em nosso favor, dizendo: Eu tomei o lugar do pecador. Não olhes a este filho desgarrado, mas a Mim. E quando Satanás intervém em altos brados contra nossa alma, acusando-nos de pecado, e reclamando-nos como presa sua, o sangue de Cristo intercede com maior poder.

"De Mim se dirá: Deveras no Senhor há justiça e força. ... No Senhor será justificada e se gloriará toda a descendência de Israel." Isaías 45:24, 25.

"Bem-aventurados os que choram, porque eles serão consolados." Mateus 5:4.

O pranto aqui apresentado é a sincera tristeza de coração pelo pecado. Jesus diz: "E Eu, quando for levantado da Terra, todos atrairei a Mim." João 12:32. E ao contemplarmos Jesus levantado sobre a cruz, discerniremos o estado pecaminoso da humanidade. Vemos que foi o pecado que açoitou e crucificou o Senhor da glória. Vemos que, ao passo que somos amados com indizível ternura, nossa vida tem sido uma contínua cena de ingratidão e rebelião. Esquecemos nosso melhor Amigo, e desprezamos o mais precioso dom deparado pelo Céu. Crucificamos de novo, em nós mesmos, o Filho de Deus e de novo traspassamos aquele sangrento e ferido coração. Separamo-nos de Deus por um abismo de pecado, extenso, negro e profundo, e choramos com coração quebrantado.

Esse pranto será "consolado". Deus nos revela a culpa a fim de que nos possamos dirigir a Cristo, e por meio dEle sejamos libertados da servidão do pecado e nos regozijemos na liberdade dos filhos de Deus. Em verdadeira contrição podemos arrojar-nos aos pés da cruz, e ali depor o nosso fardo.

As palavras do Salvador contêm também uma mensagem de conforto para os que sofrem aflição ou privação. Nossas tristezas não brotam da terra. Deus "não aflige nem entristece de bom grado aos filhos dos homens". Lamentações 3:33. Quando permite que nos sobrevenham provações e aflições é "para nosso proveito, para sermos participantes de Sua santidade". Hebreus 12:10.

Se recebida, com fé, a provação que parece tão amarga e difícil de suportar provar-se-á uma bênção. O golpe cruel que desfaz as alegrias tornar-se-á o meio de fazer-nos volver os olhos para o Céu. Quantos há que nunca teriam conhecido Jesus se a tristeza os não houvesse levado a buscar dEle conforto!

As provações da vida são obreiras de Deus, para remover de nosso caráter impurezas e arestas. Penoso é o processo de cortar, desbastar, aparelhar, lustrar, polir; é molesto estar, por força, sob a ação da pedra de polimento. Mas a pedra é depois apresentada pronta para ocupar seu lugar no templo celestial. O Mestre não efetua trabalho assim cuidadoso e completo com material imprestável. Só as Suas pedras preciosas são polidas, como colunas de um palácio.

O Senhor trabalhará por todos os que nEle puseram sua confiança. Preciosas vitórias serão alcançadas pelos fiéis, inestimáveis lições aprendidas e realizadas valiosas experiências.

Nosso Pai celestial nunca Se esquece daqueles a quem a tristeza alcançou. Quando Davi seguia pelo monte das Oliveiras, "subindo e chorando, e com a cabeça coberta; e caminhava com os pés descalços" (2 Samuel 15:30), o Senhor, apiedado, observava-o. Davi vestira-se de saco e sua consciência o acusava. Os sinais exteriores de humilhação testificavam de quão contrito se achava. Em sentidas expressões, vindas de um coração quebrantado, apresentou seu caso a Deus, e o Senhor não desamparou Seu servo. Nunca foi Davi mais caro ao coração do Infinito Amor do que quando, com consciência abatida, para salvar a vida fugiu dos inimigos que haviam sido instigados à rebelião por seu próprio filho. Diz o Senhor: "Eu repreendo e castigo a todos quantos amo: sê pois zeloso, e arrepende-te." Apocalipse 3:19. Cristo ampara o coração contrito e purifica a alma pesarosa, até que se torne Sua morada.

Mas quando nos sobrevém a tribulação, quantos de nós são como Jacó! Julgamos ser a mão de um inimigo; e na escuridão lutamos cegamente até ter gasto as forças, sem encontrarmos conforto nem libertamento. O toque divino em Jacó ao raiar do dia, revelou Aquele com quem estivera lutando -- o Anjo do concerto; e pranteando, deixou-se cair impotente nos braços do Infinito Amor, para receber as bênçãos que sua alma anelava. Também nós precisamos aprender que as provações significam benefício, e não desprezar o castigo do Senhor, nem desfalecer quando somos por Ele repreendidos.

"Eis que bem-aventurado é o homem a quem Deus castiga. ... Porque Ele faz a chaga, e Ele mesmo a liga; Ele fere, e as Suas mãos curam. Em seis angústias te livrará; e na sétima o mal te não tocará." Jó 5:17-19. A cada ferido Se achega Jesus com Seu poder curativo. A vida de privação, dor e sofrimento pode ser iluminada pelas preciosas revelações de Sua presença.

Não é vontade de Deus que nos mantenhamos subjugados pela muda tristeza, coração ferido e quebrantado. Ele quer que olhemos para cima e Lhe contemplemos a serena face de amor. O bendito Salvador Se põe ao lado de muitos, cujos olhos estão tão cegados pelas lágrimas, que nem O discernem. Deseja tomar-nos pela mão, e que O olhemos com fé simples, permitindo que Ele nos guie. Seu coração abre-Se às nossas dores, tristezas e provações. Amou-nos com amor eterno e com amorável benignidade nos atraiu. Podemos fazer descansar sobre Ele o coração e meditar o dia todo em Sua amorável benignidade. Ele erguerá a alma acima dos diários dissabores e perplexidades, a um reino de paz.

Pensai nisto, filhos do sofrimento e da dor, e regozijai-vos em esperança: "Esta é a vitória que vence o mundo, a nossa fé." 1 João 5:4.

Bem-aventurados são também os que choram com Jesus, em simpatia com os entristecidos do mundo, e em tristeza pelo pecado. Desse pranto não participa nenhum pensamento egoísta. Jesus foi o Varão de dores, suportando angústia de coração tal que nenhuma linguagem poderá retratar. Seu espírito foi ferido e moído pelas transgressões do homem. Afadigou-Se em zelo consumidor para aliviar as necessidades e infortúnios da humanidade, e o Seu coração pesava de tristeza ao ver multidões recusarem ir a Ele para que vivessem. Todos os que são seguidores de Cristo terão parte nesta experiência. Ao participarem de Seu amor, entrarão para o Seu serviço a fim de salvar os perdidos. Participam dos sofrimentos de Cristo e também participarão da glória que há de ser revelada. Unidos com Ele em Sua obra, com Ele sorvendo o cálice da amargura, são também participantes de Seu gozo.

Foi por meio de sofrimento que Jesus alcançou o ministério da consolação. Em toda a angústia da humanidade foi angustiado; e "naquilo que Ele mesmo, sendo tentado, padeceu, pode socorrer aos que são tentados". Isaías 63:9; Hebreus 2:18. Toda alma que entra em comunhão com Ele neste ministério, tem o privilégio de participar de Seus sofrimentos. "Como as aflições de Cristo abundam em nós, assim também a nossa consolação abunda por meio de Cristo." 2 Coríntios 1:5. O Senhor tem graça especial para outorgar ao que pranteia, graça cujo poder é abrandar corações e ganhar almas. Seu amor abre caminho na alma ferida e quebrantada, e torna-se bálsamo curativo para os que choram. "O Pai de misericórdias e o Deus de toda a consolação... nos consola em toda a nossa tribulação para que também possamos consolar os que estiverem em alguma tribulação com a consolação com que nós mesmos somos consolados de Deus." 2 Coríntios 1:3, 4.

"Bem-aventurados os mansos." Mateus 5:5.

Há, através das bem-aventuranças, uma progressão na experiência cristã. Os que sentiram sua necessidade de Cristo, os que choraram por causa do pecado, e se sentaram com Cristo na escola da aflição, hão de, com o divino Mestre, aprender a ser mansos.

A paciência e a brandura ao sofrer ofensas, não eram características apreciados pelos pagãos e pelos judeus. A declaração feita por Moisés sob a inspiração do Espírito Santo, de ser ele o homem mais manso que havia sobre a Terra, não teria sido considerada pelo povo de seu tempo como um louvor; teria antes excitado piedade ou desprezo. Mas Cristo coloca a mansidão entre os primeiros atributos necessários para habitar em Seu reino. Em Sua própria vida e caráter revela-se a divina beleza dessa graça preciosa.

Jesus, o resplendor da glória do Pai, "não julgou que o ser igual a Deus fosse coisa de que não devesse abrir mão, mas esvaziou-Se, tomando a forma de servo". Filipenses 2:6, 7. Consentiu em passar por todas as humildes experiências da vida, andando entre os filhos dos homens, não como rei, exigindo homenagens, mas como Alguém cuja missão era servir aos outros. Não havia em Sua maneira de ser nenhum traço de beatice ou de fria austeridade. O Redentor do mundo tinha uma natureza superior à dos anjos, todavia, unidas a Sua divina majestade achavam-se a mansidão e a humildade que atraíam todos a Ele.

Jesus Se esvaziou a Si mesmo e, em tudo quanto fez, o próprio eu não aparecia. Subordinava todas as coisas à vontade de Seu Pai. Quando Sua missão na Terra estava prestes a terminar, foi-Lhe possível dizer: "Eu glorifiquei-Te na Terra, tendo consumado a obra que Me deste a fazer." João 17:4. Ele nos pede: "Aprendei de Mim, que sou manso e humilde de coração." "Se alguém quiser vir após Mim, renuncie-se a si mesmo" (Mateus 11:29; 16:24); que o próprio eu seja destronado e nunca mais possua a supremacia da alma.

Aquele que contempla a Cristo em Sua abnegação, em Sua humildade de coração será constrangido a dizer, como o fez Daniel quando viu Alguém semelhante aos filhos dos homens: "Transmudou-se em mim a minha formosura em desmaio." Daniel 10:8. A altivez e supremacia própria em que nos gloriamos, são vistas em sua verdadeira vileza, como testemunhos de servidão a Satanás. A natureza humana está sempre lutando por se manifestar, pronta para a disputa; mas aquele que aprende de Cristo, esvazia-se do próprio eu, do orgulho, do amor da supremacia, e há silêncio na alma. O próprio eu é colocado ao dispor do Espírito Santo. Não andamos então ansiosos de ocupar o primeiro lugar. Não ambicionamos comprimir e acotovelar para nos pôr em destaque; mas sentimos que nosso mais alto lugar é aos pés de nosso Salvador. Olhamos para Jesus, esperando que Sua mão nos conduza, escutando Sua voz, em busca de guia. O apóstolo Paulo teve essa experiência, e disse: "Já estou crucificado com Cristo; e vivo, não mais eu, mas Cristo vive em mim; e a vida que agora vivo na carne, vivo-a na fé do Filho de Deus, o qual me amou, e Se entregou a Si mesmo por mim." Gálatas 2:20.

Quando recebemos a Cristo na alma, como hóspede permanente, a paz de Deus, que excede a todo entendimento, guarda nosso coração e espírito em Cristo Jesus. A vida do Salvador na Terra, embora passada em meio de conflito, foi uma vida de paz. Conquanto irados inimigos O estivessem sempre perseguindo, Ele disse: "Aquele que Me enviou está comigo; o Pai não Me tem deixado só, porque Eu faço sempre o que Lhe agrada." João 8:29. Nenhuma tempestade de ira humana ou diabólica poderia perturbar a calma daquela perfeita comunhão com Deus. E Ele nos diz: "Deixo-vos a paz, a Minha paz vos dou." "Tomai sobre vós o Meu jugo, e aprendei de Mim, que sou manso e humilde de coração; e encontrareis descanso." João 14:27; Mateus 11:29. Levai comigo o jugo do serviço, para a glória de Deus e o erguimento da humanidade, e achareis suave o jugo, e leve o fardo.

É o amor do próprio eu que destrói a nossa paz. Enquanto o eu está bem vivo, estamos continuamente prontos a preservá-lo de mortificação e insulto; mas, se estamos mortos, e nossa vida escondida com Cristo em Deus, não levaremos a sério as desatenções e indiferenças. Seremos surdos às censuras, e cegos à zombaria e ao insulto. "A caridade [amor] é sofredora, é benigna; a caridade não é invejosa; a caridade não trata com leviandade, não se ensoberbece, não se porta com indecência, não busca os seus interesses, não se irrita, não suspeita mal; não folga com a injustiça, mas folga com a verdade; tudo sofre, tudo crê, tudo espera, tudo suporta. A caridade nunca falha." 1 Coríntios 13:4-8.

A felicidade derivada de fontes terrenas é tão mutável como a podem tornar as várias circunstâncias; a paz de Cristo, porém, é constante e permanente. Ela não depende de qualquer circunstância da vida, da quantidade de bens mundanos, ou do número de amigos. Cristo é a fonte da água viva, e a felicidade que dEle emana não pode jamais falhar.

A mansidão de Cristo, manifestada no lar, tornará felizes os membros da família; ela não provoca disputas, não dá más respostas, mas acalma o gênio irritado, e difunde uma suavidade que se faz sentir por todos os que se acham dentro do aprazível ambiente. Sempre que é nutrida, torna as famílias da Terra uma parte da grande família do Céu.

Muito melhor nos é sofrer sob falsa acusação, do que nos infligirmos a nós mesmos a tortura da desforra sobre os nossos inimigos. O espírito de ódio e vingança teve sua origem em Satanás, e só pode trazer mal sobre aquele que o nutre. Humildade de coração, aquela mansidão que é o fruto de permanecer em Cristo, é o verdadeiro segredo da bênção. "Ele adornará os mansos com a salvação." Salmos 149:4.

Os mansos "herdarão a Terra". Foi mediante o desejo de exaltação própria que o pecado entrou no mundo, e nossos primeiros pais perderam o domínio sobre a bela Terra, seu reino. É mediante a abnegação que Cristo redime o que se havia perdido. E Ele diz que devemos vencer como Ele venceu. Apocalipse 3:21. Por meio da humildade e renúncia do próprio eu, podemos tornar-nos co-herdeiros com Ele, quando os mansos herdarem a Terra. Salmos 37:11.

A Terra prometida aos mansos não se parecerá com esta, obscurecida pelas sombras da morte e da maldição. "Nós, segundo a Sua promessa, aguardamos novos céus e nova Terra, em que habita a justiça." "E ali nunca mais haverá maldição contra alguém; e nela estará o trono de Deus e do Cordeiro, e os Seus servos O servirão." 2 Pedro 3:13; Apocalipse 22:3.

Não haverá decepção, nem pesar, nem pecado, ninguém que diga: enfermo estou; não haverá cortejos fúnebres, nem lamentações, nem morte, nem separações, nem corações partidos; mas Jesus ali estará, ali estará a paz. Os remidos "nunca terão fome nem sede, nem a calma nem o Sol os afligirá; por que O que Se compadece deles os guiará, e os levará mansamente aos mananciais das águas". Isaías 49:10.

"Bem-aventurados os que têm fome e sede de justiça, porque eles serão fartos." Mateus 5:6.

Justiça é santidade, semelhança com Deus; e "Deus é amor". 1 João 4:16. É conformidade com a lei de Deus; pois "todos os Teus mandamentos são justiça" (Salmos 119:172); e o "cumprimento da lei é o amor". Romanos 13:10. Justiça é amor, e o amor é a luz e a vida de Deus. A justiça de Deus se acha concretizada em Cristo. Recebemos a justiça recebendo-O a Ele.

Não é por meio de penosas lutas ou fatigante lida, nem de dádivas ou sacrifícios, que alcançamos a justiça; ela é, porém, gratuitamente dada a toda alma que dela tem fome e sede. "Ó vós, todos os que tendes sede, vinde às águas, e os que não tendes dinheiro, vinde, comprai, e comei;... sem dinheiro e sem preço." "Sua justiça... vem de Mim, diz o Senhor", e "este será o nome com que O nomearão: O Senhor Justiça Nossa." Isaías 55:1; 54:17; Jeremias 23:6.

Nenhum agente humano pode suprir aquilo que satisfará a fome e a sede da alma. Mas Jesus diz: "Eis que estou à porta, e bato: se alguém ouvir a Minha voz, e abrir a porta, entrarei em sua casa, e com ele cearei, e ele comigo." "Eu sou o pão da vida; aquele que vem a Mim não terá fome, e quem crê em Mim nunca terá sede." Apocalipse 3:20; João 6:35.

Como precisamos de alimento para sustentar nossas forças físicas, assim necessitamos de Cristo, o pão do Céu, para manter a vida espiritual, e comunicar forças para efetuar as obras de Deus. Como o corpo está continuamente recebendo a nutrição que sustém a vida e o vigor, assim a alma deve estar constantemente comungando com Cristo, a Ele submissa, e confiando inteiramente nEle.

Como o fatigado viajante procura a fonte no deserto e, encontrando-a sacia a sede abrasadora, assim há de o cristão ansiar e obter a pura água da vida, de que Cristo é a fonte.

Ao discernirmos a perfeição do caráter de nosso Salvador, havemos de desejar ser inteiramente transformados, e renovados à imagem de Sua pureza. Quanto mais conhecermos a Deus, tanto mais elevado será nosso ideal de caráter, e mais veemente o nosso anseio de Lhe refletir a imagem. Um elemento divino combina-se com o humano, quando a alma se dilata, em busca de Deus, e o anelante coração pode exclamar: "Ó minha alma, espera somente em Deus, porque dEle vem a minha esperança." Salmos 62:5.

Se experimentais um sentimento de necessidade em vossa alma, se tendes fome e sede de justiça, isso é prova de que Cristo tem operado em vosso coração, a fim de ser por vós procurado, para vos fazer, mediante o dom do Espírito Santo, aquilo que vos é impossível realizar em vosso próprio benefício. Não precisamos saciar nossa sede em correntes rasas; pois a grande fonte se acha mesmo por sobre nós, fonte de cujas abundantes águas nos é dado beber fartamente, se nos alçarmos um pouco mais na escalada da fé.

As palavras de Deus são a fonte da vida. Ao buscardes esses vivos mananciais haveis de, mediante o Espírito Santo, ser postos em comunhão com Cristo. Verdades familiares apresentar-se-ão ao vosso espírito sob novo aspecto; como o clarão de um relâmpago, novas significações cintilarão de textos familiares da Escritura; vereis a relação de outras verdades com a obra da redenção, e sabereis que Cristo vos está guiando; que tendes ao lado um Mestre divino.

Jesus disse: "A água que Eu lhe der se fará nele uma fonte de água que salte para a vida eterna." João 4:14. À medida que o Espírito Santo vos descerre a verdade, haveis de entesourar as mais preciosas experiências, e falareis longamente a outros das confortadoras coisas que vos têm sido reveladas. Quando com eles vos reunirdes haveis de comunicar qualquer novo pensamento com relação ao caráter ou à obra de Cristo. Tereis nova revelação de Seu piedoso amor para comunicar aos que O amam, e aos que O não amam.

"Dai, e ser-vos-á dado" (Lucas 6:38); pois a Palavra de Deus é "a fonte dos jardins, poço das águas vivas, que correm do Líbano". Cantares 4:15. O coração que experimentou uma vez o amor de Cristo, clama continuamente por um maior sorvo e, comunicando-o a outros, recebereis mais rica e abundante medida. Cada revelação de Deus à alma aumenta a capacidade de conhecer e amar. O contínuo brado do coração é: "Mais de Ti", e sempre a resposta do Espírito é: "Muito mais." Romanos 5:9, 10. Pois nosso Deus Se deleita em fazer "tudo muito mais abundantemente além daquilo que pedimos ou pensamos". Efésios 3:20. A Jesus, que Se esvaziou a Si mesmo para a salvação da humanidade perdida, o Espírito Santo foi dado sem medida. Assim será Ele dado a todo seguidor de Cristo, quando todo o coração for entregue para Sua habitação. Nosso Salvador mesmo deu o mandamento: "Enchei-vos do Espírito" (Efésios 5:18), e essa ordem é também uma promessa de seu cumprimento. Foi do agrado do Pai que "toda a plenitude nEle habitasse", em Cristo; e "estais perfeitos nEle". Colossences 1:19; 2:10.

Deus tem derramado de maneira ilimitada o Seu amor, como os aguaceiros que refrigeram a terra. Ele diz: "As nuvens chovam justiça; abra-se a terra, e produza-se salvação, e a justiça frutifique juntamente." "Os aflitos e necessitados buscam águas, e não as há, e a sua língua se seca de sede; mas Eu o Senhor os ouvirei, Eu o Deus de Israel os não desampararei. Abrirei rios em lugares altos, e fontes no meio dos vales; tornarei o deserto em tanques de águas, e a terra seca em mananciais." Isaías 45:8; 41:17, 18. "E todos nós recebemos também da Sua plenitude, e graça por graça." João 1:16.

"Bem-aventurados os misericordiosos, porque eles alcançarão misericórdia." Mateus 5:7.

O coração do homem é, por natureza, frio, escuro e desagradável; sempre que alguém manifeste espírito de misericórdia e perdão, fá-lo, não de si mesmo, mas mediante a influência do divino Espírito a mover-lhe o coração. "Nós O amamos a Ele porque Ele nos amou primeiro." 1 João 4:19.

É o próprio Deus a fonte de toda a misericórdia. Seu nome é "misericordioso e piedoso". Êxodo 34:6. Ele não nos trata segundo os nossos merecimentos. Não indaga se somos dignos de Seu amor, mas derrama sobre nós as riquezas desse amor, a fim de fazer-nos dignos. Não é vingativo. Não busca punir, mas redimir. Mesmo a severidade que mostra por meio de Suas providências, é manifestada para salvação dos extraviados. Intensamente anela Ele aliviar as misérias dos homens, e aplicar-lhes às feridas Seu bálsamo. É verdade que Deus "ao culpado não tem por inocente" (Êxodo 34:7); mas quereria tirar a culpa.

Os misericordiosos são "participantes da natureza divina", e neles encontra expressão o compassivo amor de Deus. Todos aqueles cujo coração está em harmonia com o coração do Infinito Amor, buscarão reaver e não condenar. A presença permanente de Cristo na alma é uma fonte que jamais secará. Onde Ele habita, haverá uma torrente de beneficência.

Ante o apelo do tentado, do errante, das míseras vítimas da necessidade e do pecado, o cristão não pergunta: São eles dignos? mas: Como os posso eu beneficiar? Nos mais indignos, mais degradados, vê almas para cuja salvação Cristo morreu, e para quem Deus deu a Seus filhos o ministério da reconciliação.

Os misericordiosos são os que manifestam compaixão para com os pobres, os sofredores e oprimidos. Jó declara: "Eu livrava o miserável que clamava, como também o órfão que não tinha quem o socorresse. A bênção do que ia perecendo vinha sobre mim, e eu fazia que rejubilasse o coração da viúva. Cobria-me de justiça, e ela me servia de vestido; como manto e diadema era o meu juízo. Eu era o olho do cego, e os pés do coxo; dos necessitados era pai, e as causas de que eu não tinha conhecimento inquiria com diligência." Jó 29:12-16.

Muitos há para quem a vida é uma penosa luta; sentem suas deficiências, e são infelizes e incrédulos; pensam nada terem por que ser agradecidos. Palavras bondosas, olhares de simpatia, expressões de apreciação, seriam para muitas almas lutadoras e solitárias como um copo de água fria a uma alma sedenta. Uma palavra compassiva, um ato de bondade, ergueriam fardos que pesam duramente sobre fatigados ombros. E toda palavra ou ato de abnegada bondade é uma expressão do amor de Cristo pela humanidade perdida.

Os misericordiosos "alcançarão misericórdia". "A alma generosa engordará, e o que regar também será regado." Provérbios 11:25. Há uma doce paz para o espírito compassivo, uma bendita satisfação na vida de esquecimento de si mesmo em benefício de outros. O Espírito Santo que habita na alma e Se manifesta na vida, abrandará corações endurecidos, e despertará simpatia e ternura. Haveis de ceifar aquilo que semeardes. "Bem-aventurado é aquele que atende ao pobre. ... O Senhor o livrará, e o conservará em vida; será abençoado na Terra, e Tu não o entregarás à vontade de seus inimigos. O Senhor o sustentará no leito da enfermidade; Tu renovas a sua cama na doença." Salmos 41:1-3.

Aquele que consagrou sua vida a Deus para o ministério de Seus filhos, está ligado com Aquele que tem todos os recursos do Universo ao Seu dispor. Sua vida se acha, pela áurea cadeia das imutáveis promessas, presa à vida de Deus. O Senhor não lhe faltará na hora do sofrimento e da necessidade. "O meu Deus, segundo as Suas riquezas, suprirá todas as vossas necessidades em glória, por Cristo Jesus." Filipenses 4:19. E na hora da necessidade final os misericordiosos encontrarão abrigo na misericórdia de um compassivo Salvador, e serão recebidos nas eternas habitações.

"Bem-aventurados os limpos de coração, porque eles verão a Deus." Mateus 5:8.

Os judeus eram tão meticulosos quanto à limpeza cerimonial, que suas regras eram extremamente pesadas. Tinham o espírito preocupado com regras e restrições e o temor de contaminação exterior, e não percebiam a mancha que o egoísmo e a malícia comunicavam à alma.

Jesus não menciona essa pureza cerimonial como uma das condições de entrar em Seu reino, mas indica a necessidade da pureza de coração. A sabedoria que do alto vem "é, primeiramente, pura". Tiago 3:17. Na cidade de Deus não entrará coisa alguma que contamine. Todos quantos houverem de ser seus moradores, hão de se ter tornado aqui puros de coração. A pessoa que está aprendendo de Jesus manifestará crescente desagrado pelas maneiras descuidosas, pela linguagem indecente e pensamentos vulgares. Quando Cristo habita no coração, haverá pureza e refinamento de idéias e maneiras.

Mas as palavras de Jesus: "Bem-aventurados os limpos de coração", têm um mais profundo sentido -- não somente puros no sentido em que o mundo entende a pureza, livres do que é sensual, puros de concupiscências, mas fiéis nos íntimos desígnios e motivos da alma, isentos de orgulho e de interesse egoísta, humildes, abnegados, semelhantes a uma criança.

Unicamente os semelhantes se podem apreciar. A menos que aceiteis em vossa vida o princípio do amor pronto a se sacrificar, que é o princípio de Seu caráter, não podeis conhecer a Deus. O coração enganado por Satanás olha a Deus como um ser tirânico, implacável; os traços egoístas da humanidade, do próprio Satanás, são atribuídos ao amante Criador. "Pensavas que [Eu] era como tu", diz Ele. Salmos 50:21. Suas providências são interpretadas como a expressão de uma natureza arbitrária e vingativa. Da mesma maneira quanto à Bíblia, o tesouro das riquezas de Sua graça. A glória de suas verdades -- elevadas como o céu, amplas, a abranger a eternidade -- não é discernida. Para a grande massa da humanidade, o próprio Cristo é "como raiz de uma terra seca", e nEle não vêem "nenhuma beleza" para que O desejem. Isaías 53:2. Quando Jesus Se achava entre os homens -- a revelação de Deus na humanidade -- os escribas e os fariseus Lhe declararam: "És samaritano, e... tens demônio." João 8:48. Mesmo Seus discípulos estavam tão cegados pelo egoísmo de seu coração, que eram tardios em compreender Aquele que viera a fim de manifestar-lhes o amor do Pai. Por isto é que Jesus andava solitário entre os homens. No Céu, tão-somente, era Ele compreendido.

Quando Cristo vier em Sua glória, os ímpios não poderão suportar o contemplá-Lo. A luz de Sua presença, que é vida para os que O amam, é morte para eles, os maus. A expectativa de Sua vinda é para eles uma "expectação horrível de juízo, e ardor de fogo". Hebreus 10:27.

Quando Ele aparecer, rogarão para ser escondidos da face dAquele que morreu para os redimir.

Mas para os corações que foram purificados pela presença do Espírito Santo, tudo diverso. Estes podem conhecer a Deus. Moisés estava oculto na fenda da rocha quando lhe foi revelada a glória do Senhor; e é quando nos encontramos escondidos em Cristo que contemplamos o amor de Deus.

"O que ama a pureza de coração, e tem graça nos seus lábios, terá por seu amigo o Rei." Provérbios 22:11. Pela fé, nós O contemplamos aqui no presente. Em nossa experiência diária, distinguimos Sua bondade e compaixão nas manifestações de Sua providência. Reconhecemo-Lo no caráter de Seu Filho. O Espírito Santo toma a verdade concernente a Deus e Àquele a quem Ele enviou, e descerra-a ao entendimento e ao coração. Os limpos de coração vêem a Deus em uma nova e mais carinhosa relação, como seu Salvador; e ao passo que Lhe distinguem a pureza e a beleza do caráter, anelam refletir a Sua imagem. Vêem-nO como um Pai anelante de abraçar um filho arrependido, e o coração enche-se-lhes de indizível alegria e de abundante glória.

Os limpos de coração percebem o Criador nas obras de Sua poderosa mão, nas belas coisas que enchem o Universo. Em Sua palavra escrita, lêem em mais distintos traços a revelação de Sua misericórdia, Sua bondade e Sua graça. As verdades ocultas aos sábios e entendidos, são reveladas às criancinhas. A beleza e preciosidade da verdade, não percebidas pelos sábios do mundo, estão sendo constantemente desdobradas aos que experimentam um confiante e infantil desejo de conhecer e cumprir a vontade de Deus. Discernimos a verdade mediante o tornar-nos, nós mesmos, participantes da natureza divina.

Os puros de coração vivem como na visível presença de Deus durante o tempo que Ele lhes concede neste mundo. E também O verão face a face no estado futuro, imortal, assim como fazia Adão quando andava e falava com Deus no Éden. "Agora vemos por espelho em enigma, mas então veremos face a face." 1 Coríntios 13:12.

"Bem-aventurados os pacificadores, porque eles serão chamados filhos de Deus." Mateus 5:9.

Cristo é o "Príncipe da Paz" (Isaías 9:6), e é Sua missão restituir à Terra e ao Céu a paz que o pecado arrebatou. "Sendo pois justificados pela fé, temos paz com Deus, por nosso Senhor Jesus Cristo." Romanos 5:1. Todo aquele que consente em renunciar ao pecado, e abre o coração ao amor de Cristo, torna-se participante dessa paz celestial.

Não há outra base de paz senão essa. A graça de Cristo, recebida no coração, subjuga a inimizade; afasta a contenda, e enche o coração de amor. Aquele que se acha em paz com Deus e seus semelhantes, não se pode tornar infeliz. Em seu coração não se achará a inveja; ruins suspeitas aí não encontrarão guarida; o ódio não pode existir. O coração que se encontra em harmonia com Deus partilha da paz do Céu, e difundirá ao redor de si sua bendita influência. O espírito de paz repousará qual orvalho sobre os corações desgostosos e turbados pelos conflitos mundanos.

Os seguidores de Cristo são enviados ao mundo com a mensagem de paz. Quem quer que seja que, pela serena, inconsciente influência de uma vida santa, revelar o amor de Cristo; quem quer que, por palavras ou ações, levar outro a abandonar o pecado e entregar o coração a Deus, é um pacificador.

E "bem-aventurados os pacificadores, porque eles serão chamados filhos de Deus". O espírito de paz é um testemunho de sua ligação com o Céu. Envolve-os a suave fragrância de Cristo. O aroma da vida, a beleza do caráter, revelam ao mundo que eles são filhos de Deus. Vendo-os, os homens reconhecem que eles têm estado com Jesus. "Qualquer que ama é nascido de Deus." "Se alguém não tem o Espírito de Cristo, esse tal não é dEle", mas "todos os que são guiados pelo Espírito de Deus, esses são filhos de Deus." 1 João 4:7; Romanos 8:9, 14.

"E estará o resto de Jacó no meio de muitos povos, como orvalho do Senhor, como chuvisco sobre a erva, que não espera pelo homem, nem aguarda filhos de homens." Miquéias 5:7.

"Bem-aventurados os que sofrem perseguição por causa da justiça, porque deles é o reino dos Céus." Mateus 5:10.

A Seus seguidores não dá Jesus nenhuma esperança de glória ou riquezas terrestres ou de uma vida livre de tentações, mas mostra-lhes o privilégio de trilhar com o Senhor o caminho da abnegação e suportar calúnias do mundo que os não conhece.

A Ele que viera para salvar o mundo perdido, opuseram-se unidas as forças do inimigo de Deus e dos homens. Em cruel conspiração levantaram-se os homens e anjos maus contra o Príncipe da paz. Embora cada palavra e ação testificassem da compaixão divina, Sua falta de semelhança com o mundo provocava a mais amarga inimizade. Porque não consentisse em nenhuma inclinação má da natureza humana, despertou a mais feroz oposição e inimizade. Assim acontece a todos quantos desejam viver piamente em Cristo Jesus. Entre a justiça e o pecado, amor e ódio, verdade e falsidade há conflito irreprimível. Quem manifestar, na conduta, o amor de Cristo e a beleza da santidade, subtrai a Satanás os seus súditos, e por isso o príncipe das trevas contra ele se levanta. Opróbrio e perseguições atingirão a todos os que estão cheios do espírito de Cristo. A maneira das perseguições poderá mudar com o tempo, mas o fundamento -- o espírito que lhes serve de base -- é o mesmo que, desde os tempos de Abel, assassinou os escolhidos de Deus.

Logo que os homens procuram viver em harmonia com Deus, acharão que o escândalo da cruz ainda não findou. Principados, potestades e hostes espirituais da maldade nos lugares celestiais, estão voltados contra todos os que se submetem obedientemente à lei celestial. Por isso, aos discípulos de Cristo, deveriam as perseguições causar alegria, em lugar de tristeza, porque elas são uma demonstração de que seguem os passos do Senhor.

Conquanto o Senhor não prometa estarem Seus servos livres de perseguição, assegura-lhes coisa muito melhor. Diz Ele: "A tua força será como os teus dias." Deuteronômio 33:25. "A Minha graça te basta, porque o Meu poder se aperfeiçoa na fraqueza." 2 Coríntios 12:9. Quem precisar, por amor de Cristo, passar pelo calor da fornalha, terá ao lado o Senhor, como os três fiéis de Babilônia. Quem amar ao Redentor, alegrar-se-á em todas as ocasiões, de participar das Suas humilhações e insultos. O amor de Jesus torna doces os sofrimentos.

Em todos os tempos Satanás perseguiu, torturou e matou os filhos de Deus; mas, morrendo eles, tornaram-se vencedores. Testemunharam em sua perseverante fidelidade que Alguém mais poderoso que o inimigo, estava com eles. Satanás podia torturar-lhes o corpo e matá-los, mas não tocar na vida que com Cristo estava escondida em Deus. Encerrou-os nas masmorras, mas não pôde prender-lhes o espírito. Os prisioneiros, através da escuridão do cárcere, podiam olhar para a glória e dizer: "Porque para mim tenho por certo que as aflições deste tempo presente não são para comparar com a glória que em nós há de ser revelada." Romanos 8:18. "Porque a nossa leve e momentânea tribulação produz para nós um peso eterno de glória mui excelente." 2 Coríntios 4:7.

Pelo sofrimento e perseguição, a glória -- o caráter -- de Deus será manifestada em Seus escolhidos. A igreja de Deus, odiada e perseguida pelo mundo, é educada e disciplinada na escola de Cristo; caminha na Terra pela estrada estreita, é purificada na fornalha da aflição, segue o Senhor através de duras batalhas, exercita-se na abnegação e sofre amargas experiências, mas reconhece por tudo isso a culpa e a miséria do pecado e aprende a afugentá-lo.

Visto tomar parte nos sofrimentos de Cristo, participará também de Sua glória. Em visão, contemplou o profeta a vitória do povo de Deus. Diz ele: "E vi um como mar de vidro misturado com fogo; e também os que saíram vitoriosos da besta, e de sua imagem, e do seu sinal, e do número do seu nome, que estavam junto ao mar de vidro, e tinham as harpas de Deus. E cantavam o cântico de Moisés, servo de Deus, e o cântico do Cordeiro, dizendo: Grandes e maravilhosas são as Tuas obras, Senhor Deus todo-poderoso! Justos e verdadeiros são os Teus caminhos, ó Rei dos santos." Apocalipse 15:2, 3. "Estes são os que vieram de grande tribulação, e lavaram os seus vestidos e os branquearam no sangue do Cordeiro. Por isso estão diante do trono de Deus, e O servem de dia e de noite no Seu templo; e Aquele que está assentado sobre o trono os cobrirá com a Sua sombra." Apocalipse 7:14, 15.

"Bem-aventurados sois vós, quando vos injuriarem." Mateus 5:11.

Sempre, desde sua queda, Satanás tem operado mediante enganos. Como tem apresentado falsamente a Deus, assim, mediante seus agentes, apresenta ele de maneira desfigurada os filhos de Deus. Diz o Salvador: "As afrontas dos que Te afrontam caíram sobre Mim." Salmos 69:9. Assim recaem elas sobre os Seus discípulos.

Jamais houve alguém que andasse entre os homens mais cruelmente caluniado do que o Filho do homem. Era desprezado e escarnecido por causa de Sua incondicional obediência aos princípios da santa lei de Deus. Aborreceram-nO sem causa. Todavia Ele permanecia calmo perante Seus inimigos, declarando que o vitupério é uma parte do legado dos cristãos, aconselhando Seus seguidores quanto à maneira de enfrentar as setas da perversidade, pedindo-lhes que não desfalecessem sob a perseguição.

Conquanto a calúnia possa enegrecer a reputação, não pode manchar o caráter. Este se encontra sob a guarda de Deus. Enquanto não consentirmos em pecar, não há poder, diabólico ou humano, que nos possa trazer uma nódoa à alma. Um homem cujo coração está firme em Deus é, na hora de suas mais aflitivas provações e desanimadoras circunstâncias, o mesmo que era quando em prosperidade, quando sobre ele pareciam estar a luz e o favor de Deus. Suas palavras, seus motivos, suas ações, podem ser desfigurados e falsificados, mas ele não se importa, pois tem em jogo maiores interesses. Como Moisés, fica firme como "vendo o invisível" (Hebreus 11:27); não atentando nas "coisas que se vêem, mas nas que se não vêem". 2 Coríntios 4:18.

Cristo está a par de tudo quanto é mal-interpretado e desfigurado pelos homens. Seus filhos podem esperar com serena paciência e confiança, por mais que sofram malignidade e desprezo; pois nada há oculto que não haja de manifestar-se, e aqueles que honram a Deus hão de por Ele ser honrados na presença dos homens e dos anjos.

"Quando vos injuriarem e perseguirem", disse Jesus, "exultai e alegrai-vos." E apontou aos Seus ouvintes os profetas que falaram em nome do Senhor, como "exemplo de aflição e paciência". Tiago 5:10. Abel, o primeiro cristão dos filhos de Adão, morreu mártir. Enoque andou com Deus, e o mundo não o conheceu. Noé foi escarnecido como fanático e alarmista. "Outros experimentaram escárnios e açoites, e até cadeias e prisões." Outros "foram torturados, não aceitando o seu livramento, para alcançarem uma melhor ressurreição". Hebreus 11:36, 35.

Em todos os séculos os escolhidos mensageiros de Deus têm sido ultrajados e perseguidos; não obstante, mediante seus sofrimentos foi o conhecimento de Deus disseminado no mundo. Todo discípulo de Cristo tem de ingressar nas fileiras e levar avante a mesma obra, sabendo que seu inimigo nada pode fazer contra a verdade, senão pela verdade. Deus pretende que a verdade seja posta pela frente, se torne objeto de exame e consideração, a despeito do desprezo que lhe votem. O espírito do povo deve ser agitado; toda polêmica, toda crítica, todo esforço para restringir a liberdade de consciência, é um instrumento de Deus para despertar as mentes que, do contrário, ficariam modorrentas.

Quantas vezes se têm observado esses resultados na história dos mensageiros de Deus! Quando o nobre e eloqüente Estêvão foi apedrejado por instigação do conselho do Sinédrio, não houve nenhum prejuízo para a causa do evangelho. A luz do Céu a iluminar-lhe o semblante, a divina compaixão que transpirava de sua oração quando moribundo, foram qual penetrante seta de convicção para os fanáticos membros do Sinédrio ali presentes, e Saulo, o fariseu perseguidor, tornou-se um vaso escolhido para levar diante dos gentios, dos reis e dos filhos de Israel, o nome de Cristo. E muito depois Paulo, já envelhecido, escreveu de sua prisão em Roma: "Verdade é que também alguns pregam a Cristo por inveja e porfia,... não puramente, julgando acrescentar aflição às minhas prisões. Mas que importa? contanto que Cristo seja anunciado de toda maneira, ou com fingimento ou em verdade." Filipenses 1:15-18. Por meio da prisão de Paulo o evangelho foi difundido, e almas ganhas para Cristo no próprio palácio dos Césares. Pelos esforços de Satanás para a destruir, a "incorruptível" semente da Palavra de Deus, "viva, e que permanece para sempre" (1 Pedro 1:23), é semeada no coração dos homens; mediante o vitupério e a perseguição de Seus filhos, o nome de Cristo é magnificado, e almas são salvas.

Grande é no Céu o galardão dos que testemunham em favor de Cristo por meio de perseguição e opróbrio. Enquanto o povo está esperando bens terrenos, Jesus os encaminha a uma recompensa celestial. Não a coloca, entretanto, inteiramente na vida futura; ela começa aqui. O Senhor apareceu na antiguidade a Abraão, dizendo: "Eu sou o teu escudo, o teu grandíssimo galardão." Gênesis 15:1. Esta é a recompensa de todos quantos seguem a Cristo. Jeová Emanuel -- Aquele "em quem estão escondidos todos os tesouros da sabedoria e da ciência", em quem habita "corporalmente toda a plenitude da divindade" (Colossences 2:3, 9) -- ser levado a sentir em correspondência com Ele, conhecê-Lo, possuí-Lo, à medida que o coração se abre mais e mais para receber-Lhe os atributos; conhecer-Lhe o amor e o poder, possuir as insondáveis riquezas de Cristo, compreender mais e mais "qual seja a largura, e o comprimento, e a altura, e a profundidade, e conhecer o amor de Cristo, que excede todo o entendimento, para que sejais cheios de toda a plenitude de Deus" (Efésios 3:18, 19) -- "esta é a herança dos servos do Senhor, e a sua justiça que vem de Mim, diz o Senhor". Isaías 54:17.

Foi esta alegria que encheu o coração de Paulo e Silas quando oravam e cantavam louvores a Deus à meia-noite, na prisão de Filipos. Cristo Se achava ali ao seu lado. De Roma escreveu Paulo, esquecido de suas cadeias, ao ver a difusão do evangelho: "Nisto me regozijo, e me regozijarei ainda." Filipenses 1:18. E as próprias palavras de Cristo sobre o monte são ecoadas na mensagem de Paulo à igreja dos filipenses, em meio das perseguições que sofriam: "Regozijai-vos sempre no Senhor; outra vez digo, regozijai-vos." Filipenses 4:4.

"Vós sois o sal da Terra." Mateus 5:13.

O sal é apreciado por suas propriedades preservativas; e quando Deus compara Seus filhos ao sal, quer ensinar-lhes que Seu desígnio em torná-los objeto de Sua graça, é que se tornem instrumentos na salvação de outros. O objetivo de Deus em escolher um povo acima de todos no mundo, não era apenas o adotá-los como filhos e filhas, mas que, por meio deles, o mundo recebesse a graça que traz a salvação. Tito 2:11. Quando o Senhor escolheu a Abraão, não foi simplesmente para que ele se tornasse um especial amigo de Deus, mas para que fosse um transmissor dos privilégios particulares que o Senhor desejava outorgar às nações. Em Sua última oração com os discípulos antes da crucifixão, Jesus disse: "E por eles Me santifico a Mim mesmo, para que também eles sejam santificados na verdade." João 17:19. Semelhantemente os cristãos que são purificados por meio da verdade possuirão qualidades salvadoras, que preservarão o mundo da inteira corrupção moral.

O sal deve ser misturado com a substância em que é posto; é preciso que penetre a fim de conservar. Assim, é com o contato pessoal e a convivência que os homens são alcançados pelo poder salvador do evangelho. Não são salvos em massa, mas como indivíduos. A influência pessoal é um poder. Cumpre-nos achegar-nos àqueles a quem desejamos beneficiar.

O sabor do sal representa o poder do cristão -- o amor de Jesus no coração, a justiça de Cristo penetrando a vida. O amor de Cristo é de natureza a difundir-se e penetrar. Caso em nós habite, fluirá para outros. Havemos de aproximar-nos deles tanto que seu coração seja aquecido por nosso abnegado interesse e amor. Os crentes sinceros difundem uma energia vital, penetrante, que comunica nova força moral às almas por quem trabalham. Não é o poder do próprio homem, mas o do Espírito Santo, que opera a obra transformadora.

Jesus acrescentou a solene advertência: "E se o sal for insípido, com que se há de salgar? para nada mais presta senão para se lançar fora, e ser pisado pelos homens."

Enquanto ouviam as palavras de Cristo, o povo podia ver o alvo sal brilhando nas veredas onde fora lançado por haver perdido o seu sabor, tornando-se portanto inútil. Isto bem representava as condições dos fariseus, e o efeito de sua religião sobre a sociedade. Representa a vida de toda alma de quem se apartou o poder da graça de Deus, e que se tornou fria e destituída de Cristo. Seja qual for sua profissão de fé, essa pessoa é considerada pelos homens e os anjos insípida e desagradável. É a tais pessoas que Cristo diz: "Oxalá foras frio ou quente! Assim, porque és morno, e não és frio nem quente, vomitar-te-ei da Minha boca." Apocalipse 3:15, 16.

Sem uma viva fé em Cristo como Salvador pessoal, é impossível fazer com que nossa influência seja sentida em um mundo cético. Não podemos dar a outros aquilo que nós mesmos não possuímos. É proporcionalmente à nossa própria devoção e consagração a Cristo, que exercemos uma influência para benefício e erguimento da humanidade. Caso não haja real serviço, nem genuíno amor, nem realidade de experiência, não há poder para ajudar, nem comunhão com o Céu, nem sabor de Cristo na vida. A não ser que o Espírito Santo se possa servir de nós como instrumentos mediante os quais comunique ao mundo a verdade qual ela é em Jesus, somos como sal que perdeu o sabor e está de todo inútil. Por nossa falta da graça de Cristo testificamos ao mundo que a verdade que pretendemos crer não possui poder santificador; e assim, no que respeita à nossa influência, tornamos de nenhum efeito a Palavra de Deus. "Ainda que eu falasse as línguas dos homens e dos anjos, e não tivesse caridade [amor], seria como o metal que soa ou como o sino que tine. E ainda que tivesse o dom de profecia, e conhecesse todos os mistérios e toda a ciência, e ainda que tivesse toda a fé, de maneira tal que transportasse os montes, e não tivesse caridade, nada seria. E ainda que distribuísse toda a minha fortuna para sustento dos pobres, e ainda que entregasse o meu corpo para ser queimado, e não tivesse caridade, nada disso me aproveitaria." 1 Coríntios 13:1-3.

Quando o amor enche o coração, fluirá para os outros, não por causa de favores recebidos deles, mas por que é o amor o princípio da ação. O amor modifica o caráter, rege os impulsos, subjuga a inimizade e enobrece as afeições. Este amor é vasto como o Universo, e está em harmonia com o dos anjos ministradores. Nutrido no coração, adoça a vida inteira e derrama seus benefícios sobre todos ao redor. É isto, e isto unicamente, que nos pode tornar o sal da Terra.

"Vós sois a luz do mundo." Mateus 5:14.

À medida que Jesus ensinava o povo, tornava interessantes Suas lições e prendia a atenção dos ouvintes por meio de freqüentes ilustrações tiradas das cenas da Natureza que os rodeava. O povo se reunira ainda pela manhã. O glorioso Sol, elevando-se mais e mais no firmamento azul, ia dissipando as sombras ocultas nos vales e nas estreitas gargantas das montanhas. A glória dos céus orientais ainda não se havia dissipado. A luz solar inundava a Terra com seu esplendor; a plácida superfície do lago refletia a áurea luz e espelhava as róseas nuvens matinais. Cada botão, cada flor e folha cintilava de gotas de orvalho. A Natureza sorria à bênção de um novo dia, e os pássaros cantavam docemente entre as árvores. O Salvador olhou ao grupo que tinha diante de Si, e depois ao Sol nascente, e disse a Seus discípulos: "Vós sois a luz do mundo." Como sai o Sol em sua missão de amor, desvanecendo as sombras da noite e despertando o mundo para a vida, assim os seguidores de Cristo devem ir em sua missão, difundindo a luz do Céu sobre os que se encontram nas trevas do erro e do pecado.

Na luminosidade da manhã, destacavam-se nitidamente as cidades e aldeias situadas nos montes ao redor, tornando-se num atrativo aspecto do cenário. Apontando-as, disse Jesus: "Não se pode esconder uma cidade edificada sobre um monte." E acrescentou: "Nem se acende a candeia e se coloca debaixo do alqueire, mas no velador, e dá luz a todos que estão na casa." A maioria dos que ouviam a Jesus, eram camponeses e pescadores, cujas humildes habitações consistiam apenas em um aposento, no qual a única lâmpada, em seu velador, iluminava a todos os que estavam na casa. Assim, disse Jesus: "Resplandeça a vossa luz diante dos homens, para que vejam as vossas boas obras, e glorifiquem a vosso Pai, que está nos Céus."

Nenhuma outra luz brilhou nem brilhará jamais sobre os homens caídos, a não ser aquela que dimana de Cristo. Jesus, o Salvador, é a única luz que pode iluminar a escuridão de um mundo imerso no pecado. A respeito de Cristo está escrito: "NEle estava a vida, e a vida era a luz dos homens." João 1:4. Foi recebendo de Sua luz que os discípulos se puderam tornar portadores de luz. A vida de Cristo na alma, Seu amor revelado no caráter, torná-los-ia a luz do mundo.

De si mesma a humanidade não possui luz. Separados de Cristo, somos semelhantes a um círio não aceso, como a Lua quando tem a face voltada para o lado contrário ao Sol; não temos um único raio luminoso a lançar sobre a treva do mundo. Ao volver-nos, porém, para o Sol da Justiça, ao nos pormos em contato com Cristo, a alma inteira é iluminada com o brilho da divina presença.

Os seguidores de Cristo devem ser mais que uma luz entre os homens. Eles são a luz do mundo. Jesus diz a todos quantos proferem Seu nome: Vós vos entregastes a Mim, e Eu vos entreguei ao mundo como Meus representantes. Como o Pai O enviara ao mundo, assim, declara Ele, "também Eu os enviei ao mundo". João 17:18. Como Cristo é o instrumento para a revelação do Pai, assim devemos nós ser o meio para a revelação de Cristo. Conquanto nosso Salvador seja a grande fonte de iluminação, não esqueçais, ó cristãos, que Ele é revelado mediante a humanidade. As bênçãos de Deus são concedidas por meio de instrumentos humanos. O próprio Cristo veio ao mundo como o Filho do homem. A humanidade, unida à natureza divina, deve tocar a humanidade. A igreja de Cristo, cada discípulo do Mestre, individualmente, é o veículo designado pelo Céu para a revelação de Deus aos homens. Anjos de glória esperam comunicar por vosso intermédio a luz e o poder celestes a almas prestes a perecer. Deixarão os agentes humanos de cumprir a tarefa que lhes é designada? Oh! então, é o mundo, na mesma proporção, roubado da prometida influência do Espírito Santo.

Mas Jesus não pediu aos discípulos: "Esforçai-vos por fazer resplandecer a vossa luz"; Ele disse: "Resplandeça." Se Cristo habita no coração, é impossível esconder a luz de Sua presença. Se aqueles que professam ser seguidores de Cristo não são a luz do mundo, é porque o poder vital os deixou; se não têm luz para comunicar, é porque não têm ligação com a Fonte da luz.

Em todos os tempos, o "Espírito de Cristo, que estava neles" (1 Pedro 1:11) tem feito os verdadeiros filhos de Deus a luz do povo de sua geração. José foi um portador de luz no Egito. Em sua pureza, beneficência e amor filial, representou a Cristo em meio de uma nação idólatra. Enquanto os israelitas iam a caminho do Egito para a Terra Prometida, os sinceros entre eles foram uma luz para as nações circunvizinhas. Por meio deles foi Deus revelado ao mundo. De Daniel e seus companheiros em Babilônia, e de Mardoqueu na Pérsia, fulgiram brilhantes raios de luz por entre a treva das cortes reais. Semelhantemente os discípulos de Cristo são colocados como portadores de luz no caminho para o Céu; por meio deles se manifestam ao mundo envolto na escuridão de um errôneo conceito de Deus, a misericórdia e a bondade do Pai. Vendo suas boas obras, outros são levados a glorificar o Pai celestial; pois se torna manifesto que há um Deus sobre o trono do Universo, Deus cujo caráter é digno de louvor e imitação. O divino amor fulgindo no coração, a harmonia cristã manifestada na vida, são quais vislumbres do Céu concedidos aos homens no mundo, a fim de que lhes apreciem a excelência.

É assim que os homens são levados a crer no "amor que Deus nos tem". 1 João 4:16. Desse modo são purificados e transformados corações outrora pecaminosos e corrompidos, para serem apresentados "irrepreensíveis, com alegria, perante a Sua glória". Judas 24.

As palavras do Salvador: "Vós sois a luz do mundo", indicam haver Ele confiado a Seus seguidores uma missão mundial. Nos dias de Cristo, o egoísmo, o orgulho e o preconceito haviam construído um alto muro de separação entre os indicados guardiões dos sagrados oráculos e qualquer outra nação do globo. Mas o Salvador viera mudar tudo isto. As palavras que o povo Lhe estava ouvindo dos lábios eram diversas de tudo quanto sempre tinham ouvido dos sacerdotes e rabis. Cristo derriba a parede de separação, o amor-próprio, o separatista preconceito de nacionalidade, e ensina amor a toda a família humana. Ergue os homens do estreito círculo que lhes prescreve o egoísmo; elimina todos os limites territoriais e as convencionais distinções da sociedade. Não faz diferença entre vizinhos e estrangeiros, amigos e inimigos. Ele nos ensina a considerar a toda alma necessitada como nosso semelhante, e o mundo como o nosso campo.

Como os raios do Sol penetram até aos mais afastados recantos do globo, assim designa Deus que a luz do evangelho se estenda a toda alma sobre a Terra. Se a igreja de Cristo estivesse cumprindo o desígnio de nosso Senhor, a luz se espargiria sobre todos quantos estão assentados nas trevas e na região da sombra da morte. Em vez de se congregarem e se eximirem às responsabilidades e a levar a cruz, os membros da igreja se espalhariam por todas as terras, irradiando a luz de Cristo, trabalhando como Ele fez pela salvação de almas, e este "evangelho do reino" seria velozmente levado a todo o mundo.

É assim que o propósito de Deus ao chamar, desde Abraão na Mesopotâmia, até nós hoje em dia, tem de chegar a seu cumprimento. Ele diz: "Abençoar-te-ei,... e tu serás uma bênção." Gênesis 12:2. As palavras de Cristo por intermédio do profeta evangélico, e de que o Sermão do Monte não é senão um eco, dirigem-se a nós, nesta última geração. "Levanta-te, resplandece, porque já vem a tua luz, e a glória do Senhor vai nascendo sobre ti." Isaías 60:1. Se a glória do Senhor nasceu sobre vosso espírito; se tendes contemplado a beleza dAquele que "traz a bandeira entre dez mil", e que é "totalmente desejável", se vossa alma se tornou radiante em presença de Sua glória, são-vos dirigidas estas palavras do Mestre. Estivestes acaso com Cristo no monte da transfiguração? Há, na planície, almas escravizadas a Satanás; elas esperam a palavra de fé e oração que as vá libertar.

Não somente devemos contemplar a glória de Cristo, mas também falar de Suas excelências. Isaías não só contemplou a glória de Cristo, mas também falou dEle. Enquanto Davi meditava, ardia o fogo; então falou com sua língua. Ao meditar no maravilhoso amor de Deus, não podia deixar de falar do que via e sentia. Quem pode pela fé contemplar o maravilhoso plano da redenção, a glória do unigênito Filho de Deus, e não falar disso? Quem pode contemplar o insondável amor que na morte de Cristo foi manifesto na cruz do Calvário, a fim de que não perecêssemos, mas tivéssemos a vida eterna -- quem poderá contemplar isso e não ter palavras com que exaltar a glória do Salvador?

"No Seu templo cada um diz: Glória." Salmos 29:9. O suave cantor de Israel louvou-O com a harpa, dizendo: "Falarei da magnificência gloriosa de Tua majestade e das Tuas obras maravilhosas. E se falará da força dos Teus feitos terríveis; e contarei a Tua grandeza." Salmos 145:5, 6.

A cruz do Calvário deve ser exaltada perante o povo, a fim de que lhes absorva a mente e concentre os pensamentos. Então todas as faculdades espirituais serão acompanhadas de um poder divino que procede diretamente de Deus. Haverá então concentração das energias em genuíno trabalho pelo Mestre. Como agentes vivos para a iluminação da Terra os obreiros emitirão raios de luz para o mundo.

Cristo aceita, oh! sim, de bom grado, todo agente humano que a Ele se entrega. Ele une o humano ao divino, a fim de poder comunicar ao mundo os mistérios do amor manifestado em carne. Acerca disto falemos, oremos e cantemos; difundamos a mensagem de Sua glória e prossigamos avante em direção às regiões de além.

As provações suportadas com paciência, as bênçãos recebidas com gratidão, as tentações resistidas varonilmente, a mansidão, a bondade, misericórdia e amor manifestados habitualmente, são luzes que resplandecem no caráter, em contraste com as trevas do coração egoísta, em que nunca brilhou a luz da vida.

Capítulo 3—A Espiritualidade da Lei

"Não vim ab-rogar, mas cumprir." Mateus 5:17.

Fora Cristo que, por entre trovões e relâmpagos, proclamara a lei no monte Sinai. A glória de Deus, qual fogo devorador, repousara no cimo do monte, e este tremera ante a presença do Senhor. As hostes de Israel, prostradas por terra, haviam escutado em temor os sagrados preceitos da lei. Que contraste com a cena sobre o monte das bem-aventuranças! Sob um firmamento estival, sem som algum a quebrar o silêncio senão o cântico dos pássaros, Jesus desenvolveu os princípios de Seu reino. Todavia Aquele que naquele dia falava ao povo em acentos de amor, estava-lhes desvendando os princípios da lei proclamada no Sinai.

Ao ser dada a lei, Israel, degradado pela servidão no Egito, necessitara ser impressionado com o poder e a majestade de Deus; no entanto, Ele não menos Se lhes revelou como um Deus de amor.

"O Senhor veio de Sinai, e lhes subiu de Seir; resplandeceu desde o monte Parã, e veio com dez milhares de santos; à Sua direita havia para eles o fogo da lei. Na verdade ama os povos; todos os Seus santos estão na Tua mão; postos serão no meio, entre os Teus pés, cada um receberá das Tuas palavras." Deuteronômio 33:2, 3.

Foi a Moisés que Deus revelou Sua glória naquelas admiráveis palavras que têm sido a acariciada herança dos séculos: "Jeová, o Senhor, Deus misericordioso e piedoso, tardio em iras e grande em beneficência e verdade; que guarda a beneficência em milhares; que perdoa a iniqüidade, e a transgressão, e o pecado." Êxodo 34:6, 7.

A lei dada no Sinai era a enunciação do princípio do amor, a revelação, feita à Terra, da lei do Céu. Foi ordenada pela mão de um Mediador -- proferida por Aquele por cujo poder o coração dos homens podia ser posto em harmonia com os seus princípios. Deus revelara o desígnio da lei, quando declarara a Israel: "Ser-Me-eis homens santos." Êxodo 22:31.

Mas Israel não percebera a natureza espiritual da lei, e com demasiada frequência sua professada obediência não passava de uma observância de formas e cerimônias, em vez de ser uma entrega do coração à soberania do amor. Quando Jesus, em Seu caráter e Sua obra, apresentava aos homens os santos, generosos e paternais atributos de Deus, e lhes mostrava a inutilidade de meras formas cerimoniais de obediência, os guias judaicos não recebiam nem compreendiam Suas palavras. Achavam que Ele Se demorava muito ligeiramente nos reclamos da lei; e quando lhes expunha as próprias verdades que constituíam a alma do serviço que lhes era divinamente indicado, eles, olhando apenas ao exterior, acusavam-nO de buscar derribá-la.

As palavras de Cristo, conquanto proferidas com serenidade, eram ditas com uma sinceridade e poder que moviam o coração do povo. Em vão apuravam o ouvido à espera de uma repetição das mortas tradições e exações dos rabis. Eles se admiravam "da Sua doutrina; porquanto os ensinava como tendo autoridade; e não como os escribas". Mateus 7:29. Os fariseus notavam a vasta diferença entre sua maneira de instruir e a de Cristo. Viam que a majestade, a pureza e beleza da verdade, com sua profunda e branda influência, estavam tomando posse de muitos espíritos. O divino amor do Salvador, Sua ternura, para Ele atraíam os homens. Os rabis viam que, por Seus ensinos, era reduzido a nada todo o teor das instruções por eles ministradas ao povo. Ele estava derribando a parede divisória que tão lisonjeira era ao seu orgulho e exclusivismo; e temiam que, caso isso fosse permitido, deles afastasse inteiramente o povo. Seguiam-nO, portanto, com decidida hostilidade, esperando encontrar ocasião para fazê-Lo cair no desagrado das multidões, habilitando assim o Sinédrio a conseguir Sua condenação à morte.

No monte, Jesus estava de perto sendo observado por espias; e, ao desdobrar Ele os princípios da justiça, os fariseus fizeram com que se murmurasse que Seus ensinos estavam em oposição aos preceitos que Deus dera no Sinai. O Salvador nada dissera para abalar a fé na religião e nas instituições que haviam sido dadas por intermédio de Moisés; pois todo raio de luz que o grande guia de Israel comunicara a seu povo fora recebido de Cristo. Conquanto muitos digam em seu coração que Ele viera para anular a lei, Jesus com inequívoca linguagem revela Sua atitude para com os estatutos divinos. "Não cuideis que vim destruir a lei e os profetas."

É o Criador dos homens, o Doador da lei, que declara não ser Seu desígnio pôr à margem os seus preceitos. Tudo na Natureza, desde a minúscula partícula de pó no raio de sol até os mundos nas alturas, encontra-se debaixo de leis. E da obediência a essas leis dependem a ordem e a harmonia do mundo natural. Assim, há grandes princípios de justiça a reger a vida de todo ser inteligente, e da conformidade com esses princípios depende o bem-estar do Universo. Antes que a Terra fosse chamada à existência, já existia a lei de Deus. Os anjos são governados por Seus princípios, e para que a Terra esteja em harmonia com o Céu, também o homem deve obedecer aos divinos estatutos. No Éden, Cristo deu a conhecer ao homem os preceitos da lei "quando as estrelas da alva juntas alegremente cantavam, e todos os filhos de Deus rejubilavam". Jó 38:7. A missão de Cristo na Terra não era destruir a lei, mas, por Sua graça, levar novamente o homem à obediência de Seus preceitos.

O discípulo amado, que escutou as palavras de Jesus no monte, escrevendo muito depois sob a inspiração do Espírito Santo, fala da lei como de uma perpétua obrigação. Diz ele que "o pecado é o quebrantamento da lei", e que "todo aquele, que comete pecado, quebra também a lei". 1 João 3:4 (TT). Ele torna claro que a lei a que se refere é "o mandamento antigo, que desde o princípio tivestes". 1 João 2:7. Ele fala da lei que existia na criação, e foi reiterada no Monte Sinai.

Falando da lei, Jesus disse: "Não vim ab-rogar, mas cumprir." Ele emprega aqui a palavra "cumprir" no mesmo sentido em que a usou quando declarou a João Batista Seu desígnio de "cumprir toda a justiça" (Mateus 3:15); isto é, encher a medida do reclamo da lei, dar um exemplo de perfeita conformidade com a vontade de Deus.

Sua missão era engrandecer "a lei, e a tornar ilustre (ou gloriosa)". Isaías 42:21 (TT). Ele devia mostrar a natureza espiritual da lei, apresentar seus princípios de vasto alcance, e tornar clara sua eterna obrigatoriedade.

A divina beleza de caráter de Cristo, de quem o mais nobre e mais suave entre os homens não é senão um pálido reflexo; de quem Salomão, pelo Espírito de inspiração escreveu: "Ele traz a bandeira entre dez mil. ... Sim, Ele é totalmente desejável" (Cantares de Salomão 5:10-16); de quem Davi, vendo-O em profética visão, disse: "Tu és mais formoso do que os filhos dos homens" (Salmos 45:2); Jesus, a expressa imagem da pessoa do Pai, o resplendor de Sua glória, o abnegado Redentor, através de Sua peregrinação de amor na Terra, foi uma viva representação do caráter da lei de Deus. Em Sua vida se manifesta que o amor de origem celeste, os princípios cristãos, fundamenta as leis de retidão eterna.

"Até que o céu e a Terra passem", disse Jesus, "nem um jota ou um til se omitirá da lei, sem que tudo seja cumprido." Por Sua própria obediência à lei, Cristo testificou do caráter imutável da mesma, e provou que, por meio de Sua graça, ela podia ser perfeitamente obedecida por todo filho e filha de Adão. Ele declarou no monte que nem o pequenino jota seria omitido da lei até que tudo se cumprisse -- tudo quanto diz respeito à raça humana tudo quanto se relaciona com o plano da redenção. Ele não ensina que a lei deva ser ab-rogada, mas fixa o olhar no mais remoto horizonte humano, e assegura-nos de que até que esse ponto seja atingido, a lei conservará sua autoridade, de modo que ninguém julgue que Sua missão era abolir os preceitos da lei. Enquanto o céu e a Terra durarem, os santos princípios da santa lei de Deus permanecerão. Sua justiça, "como as grandes montanhas" (Salmos 36:6), continuará fonte de bênção, difundindo torrentes para refrigerar a Terra.

Visto a lei do Senhor ser perfeita, e portanto imutável, é impossível aos homens pecadores satisfazer, por si mesmos, a norma de sua exigência. Foi por isso que Jesus veio como nosso Redentor. Era Sua missão, mediante o tornar os homens participantes da natureza divina, pô-los em harmonia com os princípios da lei celestial. Quando abandonamos nossos pecados, e recebemos a Cristo como nosso Salvador, a lei é exaltada. Pergunta o apóstolo Paulo: "Anulamos, pois, a lei pela fé? De maneira nenhuma, antes estabelecemos a lei." Romanos 3:31.

A promessa do novo concerto, é: "Porei as Minhas leis em seus corações, e as escreverei em seus entendimentos." Hebreus 10:16. Conquanto o sistema de símbolos que apontava para Cristo como o Cordeiro de Deus que devia tirar o pecado do mundo havia de passar com Sua morte, os princípios de justiça contidos no Decálogo são tão imutáveis como o trono eterno. Nenhum mandamento foi anulado, nem um jota ou um til foi mudado. Os princípios que foram dados a conhecer ao homem no Paraíso como a grande lei da vida, existirão, imutáveis, no Paraíso restaurado. Quando o Éden volver a florir na Terra, a lei divina do amor será obedecida por todos debaixo do Sol.

"Para sempre, ó Senhor, a Tua palavra permanece no Céu." "São... fiéis todos os Seus mandamentos. Permanecem firmes para todo o sempre, são feitos em verdade e retidão." "Acerca dos Teus testemunhos soube, desde a antiguidade, que Tu os fundaste para sempre." Salmos 119:89; 111:7, 8; 119:152.

"Qualquer... que violar um destes mais pequenos mandamentos, e assim ensinar aos homens, será chamado o menor no reino dos Céus." Mateus 5:19.

Isto é, não terá lugar ali. Pois aquele que voluntariamente violar um mandamento, não observa, em espírito e verdade, a nenhum deles. "Qualquer que guardar toda a lei, e tropeçar em um só ponto, tornou-se culpado de todos." Tiago 2:10.

Não é a grandeza do ato de desobediência que constitui o pecado mas a discordância com a vontade expressa de Deus no mínimo particular; pois isto mostra que ainda existe comunhão entre a alma e o pecado. O coração está dividido em seu serviço. Há uma virtual negação de Deus, uma rebelião contra as leis de Seu governo.

Fossem os homens livres para se apartar das reivindicações do Senhor e estabelecer uma norma de dever para si mesmos, e haveria uma variação de normas para se adaptarem aos vários espíritos, e o governo seria tirado das mãos de Deus. A vontade do homem se tornaria suprema, e o alto e santo querer de Deus -- Seu desígnio de amor para com Suas criaturas -- seria desonrado, desrespeitado.

Sempre que os homens preferem seus próprios caminhos, põem-se em conflito com Deus. Eles não terão lugar no reino do Céu, pois se encontram em guerra com os próprios princípios do mesmo. Desconsiderando a vontade de Deus, estão-se colocando ao lado de Satanás, o inimigo do homem. Não por uma palavra, nem muitas palavras, mas por toda palavra que sai da boca de Deus viverá o homem. Não podemos desatender uma palavra, por mais insignificante que nos pareça, e estar seguros. Não há um mandamento da lei que não se destine ao bem e à felicidade do homem, tanto nesta vida como na futura. Na obediência à lei de Deus, o homem se acha circundado como por um muro, e protegido do mal. Aquele que, em um só ponto que seja, derriba esta barreira divinamente erigida, destruiu-lhe o poder para o guardar; pois abriu um caminho pelo qual o inimigo pode entrar, para estragar e arruinar.

Arriscando-se a desprezar a vontade de Deus em um ponto, abriram nossos primeiros pais as comportas da miséria sobre o mundo. E todo indivíduo que segue o seu exemplo ceifará idênticos resultados. O amor de Deus fundamenta cada preceito de Sua lei, e aquele que se afasta do mandamento está operando sua própria infelicidade e ruína.

"Se a vossa justiça não exceder a dos escribas e fariseus, de modo nenhum entrareis no reino dos Céus." Mateus 5:20.

Os escribas e fariseus tinham acusado não somente Cristo, mas também Seus discípulos por sua desconsideração para com os ritos e observâncias rabínicos. Muitas vezes tinham sido os discípulos deixados perplexos e perturbados pela censura e a acusação daqueles a quem tinham sido habituados a reverenciar como mestres religiosos. Jesus revelou o engano. Declarou que a justiça a que os fariseus davam tão grande valor, nada valia. A nação judaica pretendia ser o povo peculiar, leal, favorecido por Deus; mas Cristo apresentava sua religião como vazia de salvadora fé. Todas as suas pretensões de piedade, suas invenções e cerimônias humanas, e mesmo o cumprimento das exigências exteriores da lei, não os podiam tornar santos. Não eram puros de coração ou nobres e semelhantes a Cristo no caráter.

Uma religião legal é insuficiente para pôr a alma em harmonia com Deus. A dura, rígida ortodoxia dos fariseus, destituída de contrição, ternura ou amor, era apenas uma pedra de tropeço aos pecadores. Eles eram como o sal que se tornara insípido; pois sua influência não tinha poder algum para preservar o mundo da corrupção. A única fé verdadeira é aquela que "opera por amor" (Gálatas 5:6), para purificar a alma. É como o fermento que transforma o caráter.

Tudo isto deviam os judeus ter aprendido dos ensinos dos profetas. Séculos antes, o grito da alma pedindo justificação com Deus encontrara expressão e resposta nas palavras do profeta Miquéias: "Com que me apresentarei ao Senhor, e me inclinarei ante o Deus altíssimo? virei perante Ele com holocaustos? com bezerros de um ano? Agradar-Se-á o Senhor de milhares de carneiros? de dez mil ribeiros de azeite?... Ele te declarou, ó homem, o que é bom; e que é que o Senhor pede de ti, se não que pratiques a justiça, e ames a beneficência, e andes humildemente com o teu Deus?" Miquéias 6:6-8.

O profeta Oséias indicara o que constitui a própria essência do farisaísmo, nas palavras: "Israel é uma videira estéril; dá fruto para si mesmo." Oséias 10:1 (TT). Em seu professo serviço a Deus, os judeus estavam na verdade trabalhando para o próprio eu. Sua justiça era o fruto de seus próprios esforços para guardar a lei, segundo suas próprias idéias, e para seu benefício pessoal, egoísta. Daí o não poder ser ela melhor do que eles mesmos. Em seu esforço por se tornarem santos, procuravam tirar uma coisa pura de outra imunda. A lei de Deus é santa como Ele próprio é santo, perfeita como Ele é perfeito. Ela apresenta aos homens a justiça de Deus. Impossível é ao homem, de si mesmo, guardar essa lei; pois a natureza do homem é depravada, deformada, e inteiramente diversa do caráter de Deus. As obras do coração egoísta são como coisa imunda; e "todas as nossas justiças como trapo de imundícia". Isaías 64:6.

Embora a lei seja santa, os judeus não podiam atingir a justiça por seus próprios esforços para guardar a lei. Os discípulos de Cristo precisam alcançar a justiça de um caráter diverso daquela dos fariseus, se querem entrar no reino do Céu. Em Seu Filho, Deus lhes oferecia a perfeita justiça da lei. Caso abrissem plenamente o coração para receber a Cristo, a própria vida de Deus, Seu amor, habitaria então neles, transformando-os à Sua própria semelhança; e assim, mediante o dom gratuito de Deus, haviam de possuir a justiça exigida pela lei. Mas os fariseus rejeitavam a Cristo; "não conhecendo a justiça de Deus, e procurando estabelecer sua própria justiça" (Romanos 10:3), não se submeteram à justiça divina.

Jesus Se pôs a mostrar a Seus ouvintes o que significa observar os mandamentos de Deus -- que isso é uma reprodução, neles próprios, do caráter de Cristo. Pois nEle Se manifestava Deus diariamente aos olhos deles.

"Todo aquele que se ira contra seu irmão, estará sujeito a julgamento." Mateus 5:22 (TB).

O Senhor dissera por intermédio de Moisés: "Não aborrecerás a teu irmão no teu coração. ... Não te vingarás nem guardarás ira contra os filhos do teu povo; mas amarás o teu próximo como a ti mesmo." Levítico 19:17, 18. As verdades apresentadas por Cristo eram as mesmas que haviam sido ensinadas pelos profetas, mas haviam-se tornado obscuras através da dureza de coração e o amor do pecado.

As palavras do Salvador revelaram a Seus ouvintes que, ao passo que eles estavam condenando outros como transgressores, eram eles próprios igualmente culpados; pois acariciavam malícia e ódio.

De outro lado do mar, defronte do lugar em que se achavam reunidos, ficava a terra de Basã, uma região deserta, cujas selváticas gargantas e montes cobertos de vegetação, haviam sido desde há muito um terreno favorito de esconderijos para criminosos de toda espécie. Estavam vívidas na memória do povo notícias de roubos e assassínios ali cometidos, e muitos eram zelosos em acusar esses malfeitores. Ao mesmo tempo, eles próprios eram apaixonados e contenciosos; nutriam o mais acerbo ódio contra seus opressores romanos, e sentiam-se em liberdade de odiar e desprezar todos os outros povos, e mesmo seus próprios patrícios que não concordavam em tudo com as suas idéias. Em tudo isto, violavam eles a lei que declara: "Não matarás."

O espírito de ódio e de vingança originou-se com Satanás; e isto o levou a fazer matar o Filho de Deus. Quem quer que acaricie a malícia ou a falta de bondade, está nutrindo o mesmo espírito; e seus frutos são para a morte. No pensamento de vingança jaz encoberta a má ação, da mesma maneira que a árvore está na semente. "Todo aquele que odeia a seu irmão é assassino; ora, vós sabeis que todo assassino não tem a vida eterna permanente em si." 1 João 3:15.

"Qualquer que disser a seu irmão: Raca [indivíduo vão], estará sujeito ao julgamento do Sinédrio." No dom de Seu Filho para nossa redenção, Deus mostrou quão alto valor dá Ele a toda alma humana, e não dá direito a homem algum de falar desprezivelmente de outro. Veremos faltas e fraquezas nos que nos rodeiam, mas Deus reclama toda alma como Sua propriedade -- Sua pela criação, e duplamente Sua como comprada com o precioso sangue de Cristo. Todos foram criados à Sua imagem, e mesmo os mais degradados devem ser tratados com respeito e ternura. Deus nos considerará responsáveis mesmo por uma palavra proferida em desprezo a respeito de uma alma por quem Cristo depôs a vida.

"Por que, quem te diferença? E que tens tu que não tenhas recebido? E, se o recebeste, por que te glorias, como se o não houveras recebido?" "Quem és tu que julgas o servo alheio? Para seu próprio senhor ele está em pé ou cai." 1 Coríntios 4:7; Romanos 14:4.

"Quem lhe chamar: Tolo, estará sujeito à Geena de fogo." No Velho Testamento a palavra aí traduzida por "tolo" é usada para designar um apóstata, ou uma pessoa que se entregou à impiedade. Jesus diz que quem quer que condene seu irmão como apóstata ou desprezador de Deus, mostra ser ele mesmo digno da mesma condenação.

O próprio Cristo, quando contendia com Satanás acerca do corpo de Moisés, "não ousou pronunciar juízo de maldição contra ele". Judas 9. Houvesse Ele feito isso, e ter-Se-ia colocado no terreno de Satanás; pois a acusação é a arma do maligno. Ele é chamado na Escritura "o acusador de nossos irmãos". Apocalipse 12:10. Jesus não empregaria nenhuma das armas de Satanás. Ele o enfrentou com as palavras: "O Senhor te repreenda." Judas 9.

Seu exemplo nos é dado a nós. Quando somos postos em conflito com os inimigos de Cristo, nada devemos dizer em um espírito de represália, ou que tenha sequer a aparência de um juízo de maldição. Aquele que ocupa o lugar de porta-voz de Deus não deve proferir palavras que nem a Majestade do Céu empregaria quando contendendo com Satanás. Devemos deixar com Deus a obra de julgar e condenar.

"Vai reconciliar-te primeiro com teu irmão." Mateus 5:24.

O amor de Deus é qualquer coisa mais que simples negação; é um princípio positivo e ativo, uma fonte viva, manando sempre para beneficiar os outros. Se o amor de Cristo habita em nós, não somente não nutriremos nenhum ódio contra nossos semelhantes, mas buscaremos por todos os modos manifestar-lhes amor.

Jesus disse: "Se trouxeres a tua oferta ao altar, e aí te lembrares de que teu irmão tem alguma coisa contra ti, deixa ali diante do altar a tua oferta, e vai reconciliar-te primeiro com teu irmão, e depois vem e apresenta a tua oferta." A oferta sacrifical exprimia fé em que, mediante Cristo, o ofertante se havia tornado participante da misericórdia e do amor de Deus. Mas, que uma pessoa exprimisse fé no amor perdoador de Deus, enquanto, por sua vez, condescendia com um espírito de desamor, seria simplesmente uma farsa.

Quando uma pessoa que professa servir a Deus ofende ou injuria a um irmão, representa mal o caráter de Deus diante daquele irmão e, a fim de estar em harmonia com Deus, a ofensa deve ser confessada, ele deve reconhecer que isto é pecado. Talvez nosso irmão nos tenha feito um maior agravo do que nós a ele, mas isto não diminui a nossa responsabilidade. Se, ao chegarmos à presença de Deus, nos lembramos de que outro tem qualquer coisa contra nós, cumpre-nos deixar a nossa oferta de oração, ou de ações de graças, ou a oferta voluntária, e ir ter com o irmão com quem estamos em desinteligência, confessando em humildade nosso próprio pecado e pedindo para ser perdoado.

Se, de alguma maneira, prejudicamos ou causamos dano a nosso irmão, devemos fazer restituição. Se, sem saber, demos a seu respeito falso testemunho, se lhe desfiguramos as palavras, se, por qualquer maneira, lhe prejudicamos a influência, devemos ir ter com as pessoas com quem conversamos a seu respeito, e retirar todas as nossas errôneas e ofensivas informações.

Se as dificuldades existentes entre irmãos não fossem expostas a outros, mas francamente tratadas entre eles mesmos, no espírito do amor cristão, quanto mal seria evitado! Quantas raízes de amargura pelas quais muitos são contaminados seriam destruídas, e quão íntima e ternamente poderiam os seguidores de Cristo ser unidos em Seu amor!

"Qualquer que atentar numa mulher para a cobiçar, já em seu coração cometeu adultério com ela." Mateus 5:28.

Os judeus orgulhavam-se de sua moralidade, e olhavam com horror às práticas sensuais dos pagãos. A presença dos oficiais romanos que o governo imperial trouxera à Palestina, era um contínuo escândalo para o povo; com esses estrangeiros, viera uma inundação de costumes pagãos, concupiscência e desregramento. Em Cafarnaum, os oficiais romanos, com suas alegres amantes, freqüentavam os logradouros públicos e os passeios, e muitas vezes os sons da orgia quebravam o silêncio do lago, ao singrarem as águas tranqüilas seus barcos de prazer. O povo esperava ouvir de Jesus uma severa acusação a essa classe; mas qual não foi seu espanto ao escutarem palavras que punham a descoberto o mal de seus próprios corações!

Quando o pensamento do mal é amado e nutrido, embora secretamente, disse Jesus, isso mostra que o pecado ainda reina no coração. A alma ainda se acha em fel de amargura e em laço de iniqüidade. Aquele que encontra prazer em demorar-se em cenas de impureza, que condescende com o mau pensamento, com o olhar concupiscente, pode ver no pecado aberto, com seu fardo de vergonha e esmagador desgosto -- a verdadeira natureza do mal por ele escondido nas câmaras da alma. O período de tentação sob a qual, talvez, uma pessoa caia em um pecado ofensivo, não cria o mal revelado, mas apenas desenvolve ou torna manifesto aquilo que estava oculto e latente no coração. Um homem "é tal quais são os seus pensamentos"; porque de seu coração "procedem as saídas da vida". Provérbios 23:7; 4:23.

"Se a tua mão direita te escandalizar, corta-a e atira-a para longe de ti." Mateus 5:30.

A fim de impedir que a doença se alastre ao corpo e destrua a vida, um homem se submeteria mesmo a separar-se de sua mão direita. Muito mais deve ele estar pronto a entregar aquilo que põe em risco a vida da alma.

Mediante o evangelho, almas degradadas e escravizadas por Satanás devem ser redimidas para partilhar da gloriosa liberdade dos filhos de Deus. O desígnio divino não é meramente livrar do sofrimento inevitável resultante do pecado, mas salvar do próprio pecado. A alma, corrompida e deformada, tem de ser purificada, transformada, a fim de poder ser revestida da "graça do Senhor nosso Deus", conforme "a imagem de Seu Filho". "As coisas que o olho não viu, e o ouvido não ouviu, e não subiram ao coração do homem, são as que Deus preparou para os que O amam." Salmos 90:17; Romanos 8:29; 1 Coríntios 2:9. Unicamente a eternidade pode revelar o glorioso destino a que o homem, restaurado à imagem de Deus, pode atingir.

Para podermos alcançar esse elevado ideal, o que leva a alma a tropeçar precisa ser sacrificado. É mediante a vontade que o pecado retém seu domínio sobre nós. A entrega da vontade é representada como arrancar o olho ou cortar a mão. Afigura-se-nos muitas vezes que, sujeitar a vontade a Deus é o mesmo que consentir em atravessar a vida mutilado ou aleijado. É melhor, porém, diz Cristo, que o eu seja mutilado, ferido, aleijado, contanto que possais entrar na vida. Aquilo que considerais um desastre, é a porta para um mais elevado bem.

Deus é a fonte da vida, e só podemos ter vida ao nos acharmos em comunhão com Ele. Separados de Deus, a existência nos pertencerá por um pouco de tempo, mas não possuímos a vida. "A que vive em deleites, vivendo está morta." 1 Timóteo 5:6. Unicamente por meio da entrega de nossa vontade a Deus, é-Lhe possível comunicar-nos vida. Só mediante o receber Sua vida pela entrega do próprio eu é possível, disse Jesus, serem vencidos aqueles pecados ocultos que mencionei. É possível que os sepulteis em vosso coração, e os oculteis dos olhos humanos, mas como subsistireis na presença de Deus?

Se vos apegais ao eu, recusando entregar a Deus a vossa vontade, estais preferindo a morte. Para o pecado, seja onde for que ele se encontre, Deus é um fogo consumidor Se preferis o pecado, e vos recusais a abandoná-lo, a presença de Deus, que consome o pecado, tem de consumir-vos.

Exigirá um sacrifício o entregar-se a Deus; é, porém, um sacrifício do inferior pelo mais elevado, do terreno pelo espiritual, do perecível pelo eterno. Não é o desígnio de Deus que nossa vontade seja destruída; pois é unicamente mediante o exercício da mesma que nos é possível efetuar aquilo que Ele quer que façamos. Nossa vontade deve ser sujeita à Sua a fim de que a tornemos a receber purificada e refinada, e tão ligada em correspondência com o Divino, que Ele possa, por nosso intermédio, derramar as torrentes de Seu amor e poder. Se bem que esta entrega possa parecer amarga e dolorosa ao coração voluntário, extraviado, ela te é, todavia, "muito útil" "a ti".

Enquanto não caiu coxo e impotente sobre o peito do anjo do concerto, não conheceu Jacó a vitória da fé triunfante, recebendo o título de príncipe de Deus. Foi quando ele "manquejava da sua coxa" (Gênesis 32:31) que os armados bandos de Esaú foram acalmados diante dele, e o Faraó, orgulhoso herdeiro de uma linhagem real, abaixou-se para lhe anelar a bênção. Assim o Capitão de nossa salvação foi aperfeiçoado "pelos sofrimentos" (Hebreus 2:10, TB, e os filhos da fé "da fraqueza tiraram forças", e "puseram em fugida os exércitos dos estranhos". Hebreus 11:34. Assim "os coxos roubarão a presa" (Isaías 33:23), e o fraco se tornará "como Davi" e "a casa de Davi... como o anjo do Senhor". Zacarias 12:8.

"É lícito ao homem repudiar sua mulher?" Mateus 19:3.

Entre os judeus era permitido ao homem repudiar sua mulher pelas mais triviais ofensas, e a mulher se achava então em liberdade de casar outra vez. Este costume levava a grande infelicidade e pecado. No Sermão do Monte, Jesus declarou plenamente que não podia haver dissolução do laço matrimonial, a não ser por infidelidade do voto conjugal. "Qualquer", disse Ele, "que repudiar sua mulher, a não ser por causa de prostituição, faz que ela cometa adultério, e qualquer que casar com a repudiada comete adultério."

Quando, posteriormente, os fariseus O interrogaram acerca da legalidade do divórcio, Jesus apontou a Seus ouvintes a antiga instituição do matrimônio, segundo foi ordenada na criação. "Moisés", disse Ele, "por causa da dureza dos vossos corações vos permitiu repudiar vossas mulheres; mas no princípio não foi assim." Mateus 19:8. Ele lhes chamou a atenção para os abençoados dias do Éden, quando Deus declarou tudo "muito bom". Então tiveram origem o matrimônio e o sábado, instituições gêmeas para a glória de Deus no benefício da humanidade. Então, ao unir o Criador as mãos do santo par em matrimônio, dizendo: Um homem "deixará o seu pai e a sua mãe, e apegar-se-á a sua mulher, e serão ambos uma carne" (Gênesis 2:24), enunciou a lei do matrimônio para todos os filhos de

Adão, até ao fim do tempo. Aquilo que o próprio Pai Eterno declarou bom, era a lei da mais elevada bênção e desenvolvimento para o homem.

Como todas as outras boas dádivas de Deus concedidas para a conservação da humanidade, o casamento foi pervertido pelo pecado; mas é o desígnio do evangelho restituir-lhe a pureza e a beleza. Tanto no Velho como no Novo Testamentos, a relação matrimonial é empregada para representar a terna e sagrada união existente entre Cristo e Seu povo, os remidos a quem Ele comprou a preço do Calvário. "Não temas", diz Ele; "porque o teu Criador é o teu marido; o Senhor dos Exércitos é o Seu nome; e o Santo de Israel é o teu Redentor." "Convertei-vos, ó filhos rebeldes, diz o Senhor; porque Eu vos desposarei." Isaías 54:4, 5; Jeremias 3:14. No Cântico dos Cânticos ouvimos a voz da esposa, dizendo: "O meu Amado é meu, e eu sou dEle." E Aquele que é para ela "o primeiro entre dez mil", fala a Sua escolhida: "Tu és toda formosa, amada Minha, e em ti não há mancha." Cantares 2:16; 5:10; 4:7.

Posteriormente Paulo, o apóstolo, escrevendo aos cristãos efésios, declara que o Senhor constituiu o marido a cabeça da mulher, para ser-lhe protetor, o elo que liga os membros da família, da mesma maneira que Cristo é a cabeça da igreja, e o Salvador do corpo místico. Portanto Ele diz: "Assim como a igreja está sujeita a Cristo, assim também as mulheres sejam em tudo sujeitas a seus maridos. Vós, maridos, amai vossas mulheres, como também Cristo amou a igreja, e a Si mesmo Se entregou por ela, para a santificar, purificando-a com a lavagem da água, pela palavra, para a apresentar a Si mesmo igreja gloriosa, sem mácula nem ruga, nem coisa semelhante, mas santa e irrepreensível. Assim devem os maridos amar as suas próprias mulheres." Efésios 5:24-28.

A graça de Cristo, e ela somente, pode tornar essa instituição o que Deus designou que fosse: um meio para a bênção e erguimento da humanidade. E assim as famílias da Terra, em sua união, paz e amor, podem representar a família do Céu.

Hoje, como nos dias de Cristo, a condição da sociedade apresenta triste comentário do ideal celeste dessa sagrada relação. No entanto, mesmo para os que depararam com amargura e desengano quando haviam esperado companheirismo e alegria, o evangelho de Cristo oferece um consolo. A paciência e a gentileza que Seu Espírito pode comunicar, suavizará a condição de amargura. O coração em que Cristo habitar, estará tão repleto, tão satisfeito com Seu amor, que se não consumirá no desejo de atrair simpatia e atenção para si próprio. E pela entrega da alma a Deus, Sua sabedoria pode realizar o que a sabedoria humana deixa de fazer. Por meio da revelação de Sua graça, os corações que uma vez estiveram indiferentes ou desafeiçoados podem ser unidos em laços mais firmes e mais duradouros que os da Terra -- os áureos laços do amor que suportará o cadinho da provação.

"De maneira nenhuma jureis." Mateus 5:34.

É apresentada a razão para isso: não devemos jurar "pelo Céu, porque é o trono de Deus; nem pela Terra, porque é o escabelo de Seus pés; nem por Jerusalém, porque é a cidade do grande Rei; nem jurarás pela tua cabeça, porque não podes tornar um cabelo branco ou preto".

Todas as coisas vêm de Deus. Nada temos que não tenhamos recebido; e, mais ainda, não temos nada que não haja sido comprado para nós pelo sangue de Cristo. Tudo quanto possuímos, recebemos selado com a cruz, comprado com o sangue cujo valor é inapreciável, pois é a vida de Deus. Daí, não há coisa alguma que, como se fora nossa mesma, tenhamos o direito de empenhar para o cumprimento de nossa palavra.

Os judeus compreendiam o terceiro mandamento como proibitório do emprego profano do nome de Deus; mas se julgavam na liberdade de empregar outros juramentos. O jurar era coisa comum entre eles. Haviam sido proibidos, por intermédio de Moisés, de jurar falsamente; mas tinham muitos meios de se livrar da obrigação imposta por um juramento. Não temiam condescender com o que era realmente profano, nem recuavam do perjúrio, contanto que o mesmo estivesse velado por qualquer técnica evasiva à lei.

Jesus lhes condenou as práticas, dizendo que seu costume de jurar era uma transgressão ao mandamento de Deus. Nosso Salvador não proibiu, todavia, o emprego do juramento judicial, no qual Deus é solenemente invocado para testificar que o que se diz é verdade, e nada mais que a verdade. O próprio Jesus, em Seu julgamento perante o Sinédrio, não Se recusou a testificar sob juramento. Disse-Lhe o sumo sacerdote: "Conjuro-Te pelo Deus vivo que nos digas se Tu és o Cristo, o Filho de Deus." Jesus respondeu: "Tu o disseste." Mateus 26:63, 64. Houvesse Cristo, no Sermão do Monte condenado o juramento judicial, em Seu julgamento haveria reprovado o sumo sacerdote, reforçando assim, para benefício de Seus seguidores, Seus próprios ensinos.

Muitos, muitos há que não temem enganar seus semelhantes; mas foi-lhes ensinado, e eles foram impressionados pelo Espírito de Deus, que é terrível coisa mentir a seu Criador. Quando postos sob juramento, é-lhes feito sentir que não estão testemunhando apenas diante dos homens, mas perante Deus; que se derem falso testemunho, é Àquele que lê no coração, e que sabe a exata verdade. O conhecimento dos terríveis juízos que se têm seguido a esse pecado tem uma influência refreadora sobre eles.

Mas se existe alguém que possa coerentemente testificar sob juramento, esse é o cristão. Ele vive constantemente como na presença de Deus, sabendo que todo pensamento está aberto perante os olhos dAquele com quem temos de tratar; e, quando lhe é exigido fazer assim em uma maneira legal, é-lhe lícito apelar para Deus como testemunha de que o que ele diz é a verdade, e nada senão a verdade.

Jesus estabeleceu então um princípio que tornaria desnecessário o juramento. Disse que a exata verdade deve ser a lei da linguagem. "Seja, porém, o vosso falar: Sim, sim, Não, não, porque o que passa disto é de procedência maligna."

Estas palavras condenam todas aquelas frases sem sentido e palavras expletivas, que beiram a profanidade. Condenam os enganosos cumprimentos, a evasiva da verdade, as frases lisonjeiras, os exageros, as falsidades no comércio, coisas comuns na sociedade e no comércio do mundo. Elas ensinam que ninguém que busque parecer o que não é, ou cujas palavras não exprimam o sentimento real do coração, pode ser chamado verdadeiro.

Caso fossem ouvidas essas palavras de Cristo, elas impediriam a enunciação de ruins suspeitas e crítica malévola; pois, comentando as ações e os motivos de outro, quem pode estar certo de que o que diz é a justa verdade? Quantas vezes o orgulho, a paixão, o ressentimento pessoal, dão cores à impressão transmitida! Um olhar, uma palavra, a própria entonação da voz, podem estar cheios de mentira. Mesmo os fatos podem ser declarados de modo a dar uma falsa impressão. E "o que passa" da verdade "é de procedência maligna".

Tudo quanto os cristãos fazem deve ser tão transparente como a luz do Sol. A verdade é de Deus; o engano, em todas as suas múltiplas formas, é de Satanás; e quem quer que, de alguma maneira, se desvia da reta linha da verdade, está-se entregando ao poder do maligno. Não é, todavia, coisa leve ou fácil falar a exata verdade; e quantas vezes opiniões preconcebidas, peculiares disposições mentais, imperfeito conhecimento, erros de juízo, impedem uma justa compreensão das questões com que temos de lidar! Não podemos falar a verdade, a menos que nossa mente seja continuamente dirigida por Aquele que é a verdade.

Cristo nos recomenda por intermédio do apóstolo Paulo: "A vossa conversa seja sempre com graça." "Não saia da vossa boca nenhuma palavra torpe, mas só a que for boa para promover a edificação, para que dê graça aos que a ouvem." Colossences 4:6 (TB); Efésios

4:29. À luz destas passagens, as palavras de Cristo no monte condenam as galhofas, as futilidades, as conversas impuras. Exigem que nossas palavras sejam, não somente verdadeiras, mas puras.

Aqueles que têm aprendido de Cristo não terão comunicação "com as obras infrutuosas das trevas". Efésios 5:11. Na linguagem, como na vida, serão simples, retos e verdadeiros; pois estão-se preparando para a companhia daqueles santos em cuja boca "não se achou engano". Apocalipse 14:5.

"Não resistais ao homem mau; mas a qualquer que te dá na face direita, volta-lhe também a outra." Mateus 5:39 (TB).

Surgiam constantemente ocasiões de irritação para os judeus em razão de seu contato com a soldadesca romana. Destacamentos de tropas achavam-se estacionados em vários pontos através da Judéia e da Galiléia, e sua presença lembrava aos judeus a própria degradação como um povo. Com amargura ouviam eles o alto soar da trombeta, e viam as tropas formando em torno das bandeiras romanas, curvando-se em homenagem ante este símbolo de seu poder. Freqüentes eram os choques entre o povo e os soldados, choques que acendiam o ódio popular. Muitas vezes, quando algum oficial romano ia, apressado, de um lugar para outro, acompanhado de sua guarda, lançava mão dos camponeses judeus que trabalhavam no campo, forçando-os a carregar fardos, montanhas acima ou a prestar outro qualquer serviço de que necessitassem. Isto estava em harmonia com a lei e o costume romanos, e a resistência a exigências desta ordem apenas daria lugar a sarcasmos e crueldades. Dia a dia se aprofundava no coração do povo o anseio de sacudir o jugo romano. Especialmente entre os ousados galileus de rijos pulsos, era predominante o espírito de insurreição. Como cidade fronteiriça, era Cafarnaum sede de uma guarnição, e mesmo enquanto Jesus estava ensinando, a vista de um grupo de soldados evocou a Seus ouvintes a amarga lembrança da humilhação de Israel. O povo olhava ansiosamente para Cristo, esperando que fosse Ele Aquele que houvesse de humilhar o orgulho romano.

Foi com tristeza que Jesus contemplou as faces voltadas para Ele. Observava o espírito de vingança que estampara seus maus traços sobre eles, conhecendo quão veementemente ansiava o povo o poder a fim de esmagar seus opressores. Com tristeza, Ele lhes ordena: "Não resistais ao mal; mas, se qualquer te bater na face direita, oferece-lhe também a outra."

Estas palavras não eram senão uma reiteração do ensino do Velho Testamento. É verdade que a regra: "olho por olho, e dente por dente" (Levítico 24:20), era uma providência nas leis dadas por intermédio de Moisés; era, porém, um estatuto civil.

Ninguém seria justificado em se vingar a si mesmo; pois tinham as palavras do Senhor: "Não digas: vingar-me-ei." "Não digas: Como ele me fez a mim, assim lhe farei a ele." "Quando cair o teu inimigo, não te alegres." "Se o que te aborrece tiver fome, dá-lhe pão para comer; e se tiver sede, dá-lhe água para beber." Provérbios 20:22; 24:29, 17; 25:21, 22.

Toda a vida terrestre de Jesus foi uma manifestação deste princípio. Foi para trazer o pão da vida a Seus inimigos, que nosso Salvador deixou Seu lar no Céu. Se bem que se amontoassem sobre Ele calúnias e perseguições desde o berço até à sepultura, estas não Lhe provocaram senão expressões de um amor que perdoa. Por intermédio do profeta Isaías, Ele diz: "As Minhas costas dou aos que Me ferem, e as Minhas faces aos que me arrancam os cabelos: não escondo a Minha face dos que Me afrontam e me cospem." "Ele foi oprimido, mas não abriu a Sua boca." Isaías 50:6; 53:7. E, através dos séculos, chega-nos da cruz do Calvário Sua oração pelos que Lhe davam a morte, e a mensagem de esperança ao ladrão moribundo.

A presença do Pai circundou a Cristo, e nada Lhe sobreveio sem que o infinito amor permitisse, para a bênção do mundo. Aí estava Sua fonte de conforto, e ela existe para nós. Aquele que estiver impregnado do Espírito de Cristo, habita em Cristo. O golpe que lhe é dirigido cai sobre o Salvador, que o circunda com Sua presença. O que quer que lhe aconteça vem de Cristo. Não precisa resistir ao mal, porque Cristo é sua defesa. Nada lhe pode tocar a não ser pela permissão de nosso Senhor; e todas as coisas que são permitidas "contribuem juntamente para o bem daqueles que amam a Deus". Romanos 8:28.

"Ao que quiser pleitear contigo e tirar-te o vestido [túnica], larga-lhe também a capa [manto]. E se alguém te obrigar a caminhar uma milha, vai com ele duas." Mateus 5:40, 41.

Jesus ordenou a Seus discípulos que, em vez de resistir às exigências dos que se acham em autoridade, fizessem ainda mais do que lhes era exigido. E, o quanto possível, se desempenhassem de qualquer obrigação, mesmo que fosse além do que exigia a lei da Terra. A lei, segundo fora dada por Moisés, recomendava uma mui terna consideração para com o pobre. Quando um homem pobre dava sua roupa em penhor, ou em garantia por uma dívida, não era permitido ao credor entrar-lhe em casa a fim de a ir buscar; devia esperar na rua para que o penhor lhe fosse levado. E fossem quais fossem as circunstâncias, o penhor devia ser restituído a seu dono ao pôr do Sol. Deuteronômio 24:10-13. No tempo de Cristo essas misericordiosas providências eram pouco atendidas; mas Jesus ensinou Seus discípulos a se submeterem à decisão do tribunal, mesmo que esta exigisse além do que autorizava a lei de Moisés. Ainda que requeresse uma parte de seu vestuário, deviam submeter-se. Mas ainda, deviam dar ao credor o que lhe era devido, se necessário entregando mesmo mais do que o tribunal o autorizava a tomar. "Ao que quiser pleitear contigo", disse Ele, "e tirar-te o vestido, larga-lhe também a capa." E se os mensageiros vos exigirem que andeis com eles uma milha, ide com eles duas.

Jesus acrescentou: "Dá ao que te pedir, e não te desvies daquele que quiser que lhe emprestes." A mesma lição fora ensinada por intermédio de Moisés: "Não endurecerás o teu coração, nem fecharás a tua mão ao teu irmão que for pobre; antes lhe abrirás de todo a tua mão, e livremente lhe emprestarás o que lhe falta, quanto lhe baste para a sua necessidade." Deuteronômio 15:7, 8. Esta escritura esclarece o sentido das palavras do Salvador. Cristo não nos ensina a dar indiscriminadamente a todos quantos pedem por caridade; mas diz: "Livremente lhe emprestarás o que lhe falta"; e isto deve ser uma dádiva, de preferência a um empréstimo; pois cumpre-nos emprestar "sem nada" esperar. Lucas 6:35. "Aquele que se dá com sua esmola, está nutrindo a três de uma só vez: A si, bem como ao próximo, a quem consola; nutre também a Mim."

"Amai a vossos inimigos." Mateus 5:44.

A lição do Salvador: "Não resistais ao mal", era dura de ouvir para os vingativos judeus, e eles murmuraram contra ela entre si. Jesus fez então uma declaração ainda mais forte:

"Ouvistes que foi dito: Amarás o teu próximo, e aborrecerás o teu inimigo. Eu, porém, vos digo: Amai a vossos inimigos, bendizei os que vos maldizem, fazei bem aos que vos odeiam, e orai pelos que vos maltratam e vos perseguem; para que sejais filhos de vosso Pai que está nos Céus."

Tal era o espírito da lei que os rabis tão mal haviam interpretado como um frio e rígido código de exações. Consideravam-se melhores que os outros homens, e como com direito ao especial favor de Deus em virtude de seu nascimento israelita; mas Jesus indicou o espírito de amor perdoador como aquele que evidenciaria serem atuados por motivos mais elevados do que os mesmos publicanos e pecadores a quem eles desprezavam.

Ele encaminhou Seus ouvintes ao Governador do Universo, sob a nova designação: "Nosso Pai". Queria que compreendessem quão ternamente o coração de Deus por eles anelava. Ensinou que Deus cuida de toda alma perdida; que "como um pai se compadece de seus filhos, assim o Senhor Se compadece daqueles que O temem". Salmos 103:13. Tal concepção de Deus não foi jamais dada ao mundo por qualquer religião senão a da Bíblia. O paganismo ensina os homens a olharem para o Ser Supremo como objeto de temor em vez de amor -- uma divindade maligna a ser apaziguada por sacrifícios, e não um Pai derramando sobre Seus filhos o dom do Seu amor. Mesmo o povo de Israel se tornara tão cego ao precioso ensino dos profetas acerca de Deus, que esta revelação de Seu paternal amor era coisa original, uma nova dádiva ao mundo.

Os judeus afirmavam que Deus amava aqueles que O serviam -- segundo seu ponto de vista, aqueles que cumpriam as exigências dos rabinos -- e que todo o resto do mundo jazia sob o Seu desagrado e maldição. Não assim, disse Jesus; o mundo inteiro, os maus e os bons, acham-se sob o sol do Seu amor. Esta verdade devíeis ter aprendido da própria Natureza; pois Deus "faz que o Seu Sol se levante sobre maus e bons, e a chuva desça sobre justos e injustos".

Não é em virtude de um poder inerente que a Terra produz ano após ano sua abundância, e continua em seu giro ao redor do Sol. A mão de Deus guia os planetas, e os conserva em posição em sua bem ordenada marcha através dos céus. É por meio de Seu poder que verão e inverno, sementeira e sega, dia e noite se seguem em sucessão regular. É por meio de Sua palavra que a vegetação floresce, aparecem as folhas, desabotoam as flores. Todas as boas coisas que possuímos, todo raio de Sol e toda chuva, todo bocado de pão, todo momento de vida, é um dom de amor.

Enquanto éramos ainda destituídos de amor e do que nos fizesse amáveis no caráter, "odiosos, odiando-nos uns aos outros", nosso Pai celestial teve misericórdia de nós. "Quando apareceu a benignidade e caridade de Deus, nosso Salvador, para com os homens, não pelas obras de justiça que houvéssemos feito, mas segundo a Sua misericórdia, nos salvou." Tito 3:3-5. Uma vez recebido o Seu amor, torna-nos, semelhantemente, bondosos e ternos, não somente para os que nos agradam, mas para com os mais faltosos e errantes pecadores.

Os filhos de Deus são os que partilham de Sua natureza. Não é a posição terrena, nem o nascimento, nem a nacionalidade, nem os privilégios religiosos, o que prova ser membro da família de Deus; é o amor, um amor que envolve toda a humanidade. Mesmo os pecadores cujo coração não se ache inteiramente cerrado ao Espírito de Deus, corresponderão à bondade; conquanto devolvam ódio por ódio, darão também amor por amor. É, porém, unicamente o Espírito de Deus que dá amor em troca de ódio. Ser bondoso para o ingrato e o mau, fazer o bem sem esperar retribuição, é a insígnia da realeza celeste, o sinal certo pelo qual os filhos do Altíssimo revelam sua elevada condição.

"Sede vós pois perfeitos, como é perfeito o vosso Pai que está nos Céus." Mateus 5:48.

A palavra "pois" implica em uma conclusão, uma dedução do que foi dito antes. Jesus estivera descrevendo a Seus ouvintes a infalível misericórdia e amor de Deus, e manda-lhes portanto que sejam perfeitos. Pois que vosso Pai celeste "é benigno até para com os ingratos e maus" (Lucas 6:35), pois que Se abaixou para vos erguer, portanto, disse Jesus, podeis tornar-vos semelhantes a Ele no caráter, e apresentar-vos irrepreensíveis diante dos homens e dos anjos.

As condições da vida eterna, sob a graça, são exatamente as mesmas que eram no Éden - - perfeita justiça, harmonia com Deus, conformidade perfeita com os princípios de Sua lei. A norma de caráter apresentada no Velho Testamento é a mesma apresentada no Novo. Esta norma não é de molde a não podermos atingi-la. Em toda ordem ou mandamento dado por Deus, há uma promessa, a mais positiva, a fundamentá-la. Deus tomou as providências para que nos possamos tornar semelhantes a Ele, e cumpri-las-á para todos quantos não interpuserem uma vontade perversa, frustrando assim a Sua graça.

Com amor indizível nos tem Deus amado, e nosso amor se desperta para com Ele ao compreendermos algo da extensão e largura e profundidade e altura desse amor que sobrepuja todo entendimento. Pela revelação da atrativa beleza de Cristo, pelo conhecimento de Seu amor a nós expresso enquanto éramos ainda pecadores, o coração obstinado abranda-se e é subjugado, e o pecador transforma-se e torna-se um filho do Céu. Deus não emprega medidas compulsórias; o amor é o meio que Ele usa para expelir o pecado do coração. Por meio dele, muda o orgulho em humildade, a inimizade e incredulidade em amor e fé.

Os judeus haviam estado labutando penosamente a fim de atingir a perfeição mediante seus próprios esforços, e tinham fracassado. Cristo já lhes dissera que sua justiça jamais poderia entrar no reino do Céu. Agora Ele lhes indica o caráter da justiça que devem possuir todos quantos entram no Céu. Em todo o Sermão do Monte, descreve os frutos desse reino, e agora, em uma sentença, aponta-lhe a origem e a natureza: Sede perfeitos, como Deus é perfeito. A lei não passa de uma imagem do caráter de Deus. Contemplai em vosso Pai celestial uma manifestação perfeita dos princípios que são o fundamento de Seu governo.

Deus é amor. Quais raios de luz vindos do Sol, o amor e a luz e a alegria manam dEle para todas as Suas criaturas. Dar é Sua natureza. Sua vida mesma é o fluir de um desinteressado amor.

"Sua glória é dos filhos a felicidade, Sua alegria está nessa Paternidade."

Ele nos diz que sejamos perfeitos como Ele o é -- da mesma maneira. Cumpre-nos ser centros de luz e bênção para o nosso pequeno círculo, da mesma maneira que Ele o é para o Universo. Nada temos de nós mesmos, mas a luz de Seu amor resplandece sobre nós, e devemos refletir-lhe o fulgor. "Bons na bondade que Ele nos empresta", podemos ser perfeitos em nossa esfera, da mesma maneira que Deus é perfeito na Sua.

Jesus disse: "Sede perfeitos como é perfeito vosso Pai." Se sois filhos de Deus, sois participantes de Sua natureza, e não podeis deixar de ser semelhantes a Ele. Todo filho vive pela vida de seu pai. Se sois filhos de Deus -- gerados por Seu Espírito -- viveis pela vida de Deus. Em Cristo habita "corporalmente toda a plenitude da divindade" (Colossences 2:9); e a vida de Cristo se manifesta "em a nossa carne mortal". 2 Coríntios 4:11. Essa vida em vós produzirá o mesmo caráter e manifestará as mesmas obras que nEle produziu. Assim estareis em harmonia com todo preceito de Sua lei; pois "a lei do Senhor é perfeita, e refrigera a alma". Salmos 19:7. Mediante o amor, "a justiça da lei" será cumprida em nós, "que não andamos segundo a carne, mas segundo o Espírito". Romanos 8:4.

Capítulo 4—O Verdadeiro Motivo no Serviço

"Guardai-vos não façais as vossas boas obras diante dos homens, para serdes vistos por eles." Mateus 6:1 (TB).

As palavras de Cristo no monte eram uma expressão daquilo que fora o mudo ensino de Sua vida, mas que o povo deixara de compreender. Eles não entendiam como, tendo tão grande poder, Ele não buscava empregá-lo em garantir-Se aquilo que reputavam o maior bem. Seu espírito, motivos e métodos eram opostos aos de Jesus. Conquanto pretendessem ser muito zelosos da honra da lei, sua própria glória era o verdadeiro objetivo que buscavam; e Cristo queria tornar-lhes isto manifesto -- que o amante de si mesmo é um transgressor da lei.

Os princípios nutridos pelos fariseus, porém, são os que formam os característicos da humanidade em todos os séculos. O espírito de farisaísmo é o espírito da natureza humana; e, quando o Salvador mostrou o contraste entre Seu próprio espírito e métodos e os dos rabis, Seu ensino se aplicava igualmente ao povo de todos os tempos.

Nos dias de Cristo os fariseus procuravam continuamente conseguir o favor do Céu a fim de obter honra e prosperidade mundanas, as quais consideravam como sendo a recompensa da virtude. Ostentavam ao mesmo tempo seus atos de caridade diante do povo com o intuito de atrair-lhes a atenção, e adquirir reputação de santidade.

Jesus lhes censurou a ostentação, dizendo que Deus não reconhece um serviço como esse, e que a lisonja e a admiração do povo, as quais tão ansiosamente buscavam, seriam a única recompensa que haviam de ter.

"Quando tu deres esmola", disse Ele, "não saiba a tua mão esquerda o que faz a tua direita; para que a tua esmola seja dada ocultamente: e teu Pai, que vê em segredo, te recompensará publicamente."

Com essas palavras Jesus não ensinou que os atos de bondade devem ser sempre conservados em segredo. Paulo, o apóstolo, escrevendo inspirado pelo Espírito Santo, não oculta o generoso sacrifício dos cristãos macedônios, mas fala da graça por Cristo neles operada, de maneira que outros foram possuídos do mesmo espírito. Ele também escreveu à igreja de Corinto, dizendo: "Vosso zelo tem estimulado a muitos." 2 Coríntios 9:2.

As próprias palavras de Cristo esclarecem Sua intenção -- que nos atos de caridade o objetivo não deve ser atrair louvor e honra dos homens. A verdadeira piedade nunca promove um esforço para ostentação. Os que desejam palavras de elogio e lisonja, delas se nutrindo como de um bocado delicioso, são cristãos apenas de nome.

Por meio de suas boas obras devem os seguidores de Cristo trazer glória, não para si mesmos, mas para Aquele mediante cuja graça e poder eles operaram. É por meio do Espírito Santo que toda boa obra é efetuada, e o Espírito é dado para glorificar, não o recebedor, mas o Doador. Quando a luz de Cristo brilha na alma, os lábios se encherão de louvor e ação de graças a Deus. Vossas orações, o cumprimento de vossos deveres, vossa beneficência, vossa abnegação, não serão o tema de vossos pensamentos ou conversação. Jesus será engrandecido, o eu oculto, e Cristo aparecerá como tudo em todos.

Cumpre-nos dar em sinceridade, não para fazer ostentação de nossas boas ações, mas por piedade e amor para com os sofredores. A sinceridade de desígnio, a verdadeira bondade de coração, eis o motivo a que o Céu dá valor. A alma sincera em seu amor, que põe todo o coração em sua devoção, Deus considera mais preciosa que as barras de ouro de Ofir.

Não devemos pensar na recompensa, mas no serviço; todavia a bondade manifestada nesse espírito não deixará de ter o seu galardão. "Teu Pai, que vê em segredo, te recompensará publicamente." Conquanto seja verdade que Deus mesmo é o nosso grande Galardão, que abrange todos os outros, a alma só O recebe e frui à medida que se Lhe assemelha no caráter. Unicamente os semelhantes se podem apreciar. É à medida que nos entregamos a Deus para o serviço da humanidade, que Ele Se nos dá.

Ninguém pode dar em seu coração e vida lugar para a corrente da bênção de Deus fluir em direção a outros, sem que receba em si mesmo uma preciosa recompensa. As encostas de montanhas e as planícies que oferecem caminho às correntes montesinas para chegarem ao mar, nenhum prejuízo sofrem com isso. O que dão lhes é centuplicadamente retribuído. Pois a corrente que passa cantando em sua marcha, deixa após si dádivas de verduras e de frutas. A relva a sua margem tem mais vivo verdor, as árvores mais opulência de cores, as flores são mais abundantes. Quando o solo jaz despido e escuro sob o ressecante calor do Sol, uma linha verdejante indica o curso do rio; e a planície que abre o seio para conduzir o tesouro da montanha ao mar, encontra-se viçosa e revestida de beleza -- testemunha da recompensa que a graça de Deus comunica a todos os que se entregam como condutos a fim de ela poder fluir ao mundo.

Tal é a bênção daqueles que mostram misericórdia aos pobres. Diz o profeta Isaías: "Não é também que repartas o teu pão com o faminto, e recolhas em casa os pobres desterrados? e, vendo o nu o cubras, e não te escondas da tua carne? Então romperá a tua luz como a alva, e a tua cura apressadamente brotará,... e o Senhor te guiará continuamente, e fartará a tua alma em lugares secos,... e serás como um jardim regado, e como um manancial cujas águas nunca faltam." Isaías 58:7-11.

A obra de beneficência é duas vezes bendita. Enquanto aquele que dá ao necessitado beneficia a outros, é ele próprio beneficiado em medida ainda maior. A graça de Cristo no coração desenvolve traços de caráter opostos ao egoísmo -- traços que refinarão, enobrecerão e enriquecerão a vida. Atos de bondade praticados em segredo, ligarão corações entre si, unindo-os mais estreitamente ao coração dAquele de quem provém todo generoso impulso. As pequeninas atenções, os pequenos atos de amor e sacrifício, os quais emanam da vida tão suavemente como o aroma se desprende da flor -- constituem parte importante das bênçãos e felicidade da vida. E verificar-se-á por fim que a negação do próprio eu para o bem e a felicidade dos outros, embora humilde e não louvada aqui, é reconhecida no Céu como o sinal de nossa união com Ele, o Rei da glória, que era rico, e contudo Se tornou pobre por amor de nós.

Os atos de bondade podem ser praticados em oculto, mas não se podem esconder os resultados sobre o caráter do que os pratica. Se, como seguidores de Cristo, trabalhamos com sincero interesse, o coração achar-se-á em íntima correspondência com Deus, e o Seu Espírito, operando em nosso espírito, despertará, em resposta ao divino toque, as sagradas harmonias da alma.

Aquele que dá crescentes talentos aos que sabiamente desenvolveram os dons que lhes foram confiados, agrada-Se de reconhecer o serviço de Seu povo crente no Amado, mediante cuja graça e força eles agiram. Aqueles que houverem buscado o desenvolvimento e a perfeição do caráter cristão mediante o exercício de suas faculdades em boas obras hão de, no mundo por vir, ceifar aquilo que semearam. A obra iniciada na Terra há de atingir sua consumação naquela vida mais elevada e santa que se perpetuará por toda a eternidade.

"Quando orares, não sejas como os hipócritas." Mateus 6:5.

Os fariseus tinham horas designadas para oração; e quando, como freqüentemente acontecia, eles estavam fora, no tempo determinado para isso, paravam onde estivesse -- talvez na rua ou nos lugares de comércio, entre as multidões apressadas -- e ali, em altas vozes, repetiam suas formais orações. Tal culto, prestado apenas para glorificação própria, suscitou severa censura da parte de Jesus. Ele não desanimou, entretanto, a oração em público; pois Ele mesmo orou com os Seus discípulos e na presença da multidão. Ensina, porém, que a oração particular não deve ser feita em público. Na devoção íntima nossas orações não devem chegar aos ouvidos de ninguém mais senão do Deus que ouve as orações. Nenhum ouvido curioso deve receber o fardo de tais petições.

"Quando orares, entra no teu aposento." Tende um lugar para a oração particular. Jesus tinha lugares especiais para comunhão com Deus, e o mesmo devemos fazer. Precisamos retirar-nos freqüentemente para algum canto, por humilde que seja, onde nos possamos encontrar a sós com Deus.

"Ora a teu Pai que está em oculto." Podemos, em nome de Jesus, chegar à presença de Deus com confiança infantil. Homem algum precisa servir de mediador. Mediante Jesus, é-nos dado abrir o coração a Deus como a alguém que nos conhece e ama.

No lugar secreto de oração, onde nenhuns olhos senão os de Deus nos podem ver, ouvido algum senão o Seu pode escutar, é-nos dado exprimir nossos mais íntimos desejos e anelos ao Pai de infinita piedade. E, no sossego e silêncio da alma, aquela voz que jamais deixa de responder ao clamor da necessidade humana, falará ao nosso coração.

"O Senhor é muito misericordioso e piedoso." Tiago 5:11. Ele aguarda com incansável amor ouvir as confissões do extraviado, e aceitar-lhe o arrependimento. Ele observa a ver qualquer resposta de gratidão de nossa parte, assim como uma mãe observa o sorriso de reconhecimento de seu amado filho. Ele desejaria que levássemos nossas provações a Sua compaixão, nossas dores ao Seu amor, nossas feridas à Sua cura, nossa fraqueza à Sua força, nosso vazio à Sua plenitude. Jamais foi decepcionado alguém que fosse ter com Ele. "Olharam para Ele e foram iluminados; e os seus rostos não ficarão confundidos." Salmos 34:5.

Aqueles que buscam ao Senhor em segredo, contando-Lhe suas necessidades, e pedindo auxílio, não rogarão em vão. "Teu Pai, que vê em segredo, te recompensará publicamente." À medida que fizermos de Cristo nosso companheiro diário, havemos de sentir que as forças de um mundo invisível se encontram todas ao redor de nós; e, pelo contemplar a

Jesus, seremos transformados à Sua imagem. Somos transformados pela contemplação. O caráter é abrandado, refinado e enobrecido para o reino celeste. O seguro resultado de nosso trato e convívio com nosso Senhor, será o acréscimo de piedade, de pureza e fervor. Haverá progressiva inteligência na oração. Recebemos assim uma educação divina, o que é ilustrado por uma vida de diligência e zelo.

A alma que se volve para Deus em busca de auxílio, de apoio, de poder, mediante diária e fervorosa oração, terá aspirações nobres, percepções claras da verdade e do dever, altos propósitos de ação, e uma contínua fome e sede de justiça. Mantendo comunhão com Deus, seremos habilitados a difundir para os outros, através de nosso convívio com eles, a luz, a paz e a serenidade que reinam em nosso coração. A força obtida na oração a Deus, unida ao perseverante esforço no exercitar a mente na reflexão e no cuidado, prepara a pessoa para os deveres diários, e mantém o espírito em paz em todas as circunstâncias.

Se nos achegarmos a Deus, Ele porá em nossos lábios uma palavra para dirigir-Lhe, isto é, um louvor ao Seu nome. Ele nos ensinará o acento do cântico dos anjos -- ações de graças a nosso Pai celestial. Em todo ato da vida, manifestar-se-ão a luz e o amor de um Salvador a residir em nós. As perturbações exteriores não atingem uma vida vivida pela fé no Filho de Deus.

"Orando, não useis de vãs repetições, como os gentios." Mateus 6:7.

Os pagãos consideravam suas orações como possuidoras em si mesmas do mérito de expiar pecados. Assim, quanto mais longas as orações, tanto maiores os merecimentos. Se se pudessem tornar santos por seus esforços, teriam em si mesmos, alguma coisa de que se regozijar, algo de que se vangloriar. Essa idéia da oração é fruto do princípio de expiação individual, o qual jaz na base de todos os falsos sistemas religiosos. Os fariseus haviam adotado essa idéia pagã acerca da oração, a qual não se acha de modo algum extinta em nossos dias, mesmo entre os que professam o cristianismo. A repetição de frases feitas, habituais, quando o coração não sente nenhuma necessidade de Deus, é da mesma espécie que as "vãs repetições" dos pagãos.

A oração não é uma expiação pelo pecado; não possui em si mesma nenhuma virtude ou mérito. Todas as palavras floreadas de que possamos dispor não equivalem a um único desejo santo. As mais eloqüentes orações não passam de palavras ociosas, se não exprimirem os reais sentimentos do coração. Mas a oração que provém de um coração sincero, quando se exprimem as simples necessidades da alma, da mesma maneira que pediríamos um favor a um amigo terrestre, esperando que o mesmo nos fosse concedido, eis a oração da fé. Deus não deseja nossos cumprimentos cerimoniais; mas o inarticulado grito de um coração quebrantado e rendido pelo senso de seu pecado e indizível fraqueza, esse alcançará o Pai de toda a misericórdia.

"Quando jejuardes, não vos mostreis como os hipócritas." Mateus 6:16.

O jejum recomendado pela Palavra de Deus é alguma coisa mais que uma forma. Não consiste meramente em nos privarmos da comida, em usarmos saco, em lançarmos cinza sobre a cabeça. Aquele que jejua com verdadeira tristeza pelo pecado, jamais buscará exibir-se.

O objetivo do jejum que Deus nos convida a fazer, não é afligirmos o corpo pelo pecado do coração, mas o ajudar-nos a perceber o caráter ofensivo do pecado, a humilharmos o coração diante de Deus e recebermos Sua graça perdoadora. Sua ordem a Israel, foi: "Rasgai o vosso coração, e não os vossos vestidos, e convertei-vos ao Senhor vosso Deus." Joel 2:13.

De nada nos aproveita o fazer penitência, ou lisonjear-nos de que, por nossas boas obras, havemos de merecer ou comprar uma herança entre os santos. Ao ser feita a Cristo a pergunta: "Que faremos, para executar as obras de Deus?" respondeu Ele: "A obra de Deus é esta: que creiais nAquele que Ele enviou." João 6:28, 29. Arrependimento é o volver-se do próprio eu para Cristo; e quando recebemos a Cristo, de modo que, pela fé, Ele possa viver Sua vida em nós, as boas obras se manifestarão.

Jesus disse: "Quando jejuares, unge a tua cabeça, e lava o teu rosto, para não pareceres aos homens que jejuas, mas a teu Pai, que está em oculto." Mateus 6:17, 18. Tudo quanto for feito para a glória de Deus, deve ser feito com alegria de coração, não com tristeza e espírito sombrio. Não há nada de sombrio na religião de Jesus. Se, pela sua melancólica atitude, os cristãos dão a impressão de haverem sido decepcionados com seu Senhor, isto representa mal o caráter dEle, dando armas aos Seus inimigos. Conquanto, pelas palavras, eles pretendam que Deus é seu Pai, todavia, com melancolia e dor apresentam ao mundo o aspecto de órfãos.

Cristo deseja que façamos com que Seu serviço pareça atrativo, como na realidade o é. Que as abnegações e as íntimas provas do coração sejam reveladas ao compassivo Salvador. Sejam os fardos levados aos pés da cruz, e prossegui em vosso caminho regozijando-vos no amor dAquele que vos amou primeiro. Talvez os homens não venham nunca a saber da obra que, secretamente, vai em progresso entre a alma e Deus, mas o resultado da obra do Espírito no coração será a todos manifesta; pois Aquele "que vê em segredo, te recompensará publicamente".

"Não ajunteis para vós tesouros na Terra." Mateus 6:19 (TB).

Os tesouros acumulados na Terra não têm duração; os ladrões minam e roubam; a traça e a ferrugem destroem; incêndios e tempestades arrebatam as vossas possessões. E "onde estiver o vosso tesouro, aí estará também o vosso coração". Os tesouros acumulados na Terra absorvem a mente, com exclusão das coisas celestiais.

O amor do dinheiro era a paixão dominante nos dias dos judeus. A mundanidade usurpava o lugar de Deus e da religião na alma. O mesmo se dá agora. A avara ganância das riquezas exerce tão fascinante influência na vida, que traz em resultado a perversão da nobreza e a corrupção do que há de humano nos homens, até que são arrastados para a perdição. O serviço de Satanás é cheio de cuidados, perplexidade e fatigante labor, e o tesouro que os homens labutam por acumular na Terra dura apenas um momento.

Jesus disse: "Ajuntai para vós tesouros no Céu, onde nem a traça nem a ferrugem os consomem, e onde os ladrões não penetram nem roubam. Porque onde está o teu tesouro, aí estará também o teu coração." (Trad. Bras.)

A instrução é: "Ajuntai para vós tesouros no Céu." É para o vosso próprio interesse assegurar as riquezas celestes. Estas apenas, de tudo quanto possuís, são realmente vossas. O tesouro acumulado no Céu é imperecível. Nenhum incêndio ou inundação o pode destruir, ladrão algum o pode arrebatar, nenhuma traça ou ferrugem corrompê-lo; pois se encontra sob a guarda de Deus.

Este tesouro, que Cristo considera precioso acima de toda estimação, são "as riquezas da glória da Sua herança nos santos". Efésios 1:18. Os discípulos de Cristo são chamados Suas jóias, Seu precioso e peculiar tesouro. Ele diz: "Como as pedras de uma coroa eles serão." "Farei que um homem seja mais precioso do que o ouro puro, e mais raro do que o ouro fino de Ofir." Zacarias 9:16; Isaías 13:12. Cristo considera Seu povo, em sua pureza e perfeição, como a recompensa de todos os Seus sofrimentos, Sua humilhação, Seu amor e como o suplemento de Sua glória -- Cristo, o grande Centro de onde toda a glória irradia.

E é-nos permitido unir-nos com Ele na grande obra da redenção, e ser participantes com Ele nas riquezas que Sua morte e sofrimento conquistaram. O apóstolo Paulo escreveu aos cristãos tessalonicenses: "Qual é a nossa esperança, ou gozo, ou coroa de glória? Porventura não sois vós também diante de nosso Senhor Jesus Cristo em Sua vinda? Na verdade vós sois a nossa glória e gozo." 1 Tessalonicenses 2:19, 20. Este é o tesouro pelo qual Cristo nos pede trabalhar. O caráter é a grande colheita da vida. E toda palavra ou ato que, mediante a graça de Cristo, suscita em uma alma um impulso em direção ao Céu, todo esforço que tende à formação de um caráter cristão, é depositar tesouro no Céu.

Onde se acha o tesouro, aí estará também o coração. Em todo esforço para beneficiar a outros, beneficiamo-nos a nós mesmos. Aquele que dá dinheiro ou tempo para a disseminação do evangelho, empenha seu próprio interesse e suas orações em prol da obra e das almas a serem conquistadas por meio dele; suas afeições dilatam-se para outros, e ele é estimulado a maior devoção para com Deus, a fim de ser habilitado a fazer-lhes maior bem.

E no dia final, quando a riqueza da Terra vier a perecer, o que acumulou tesouro no Céu contemplará aquilo que foi ganho pela sua vida. Se demos ouvidos às palavras de Cristo, então, ao reunir-nos em torno do grande trono branco, veremos almas que foram salvas por nosso intermédio, e saberemos que uma salvou a outras, e estas ainda outras -- um grande grupo levado ao porto de descanso em resultado de nossos labores, para aí depositar suas coroas aos pés de Jesus, e louvá-Lo através dos intérminos séculos da eternidade. Com que alegria há de o obreiro de Cristo contemplar esses remidos, que partilham da glória do Redentor! Quão precioso será o Céu para aqueles que houverem sido fiéis na obra de salvar almas!

"Se já ressuscitaste com Cristo, buscai as coisas que são de cima, onde Cristo está assentado à destra de Deus." Colossences 3:1.

"Se os teus olhos forem bons, todo o teu corpo terá luz." Mateus 6:22.

Sinceridade de propósito, inteira devoção a Deus, eis a condição indicada pelas palavras de nosso Salvador. Seja o desígnio de descobrir a verdade e obedecer-lhe custe o que custar, sincero e inabalável, e haveis de receber divina iluminação. A verdadeira piedade começa quando termina toda transigência com o pecado. Então a linguagem do coração será a do apóstolo Paulo: "Uma coisa faço, e é que, esquecendo-me das coisas que para trás ficam, e avançando para as que estão diante de mim, prossigo para o alvo, pelo prêmio da soberana vocação de Deus em Cristo Jesus." "Tenho também por perda todas as coisas, pela excelência do conhecimento de Cristo Jesus, meu Senhor; pelo qual sofri a perda de todas as coisas, e as considero como esterco, para que possa ganhar a Cristo." Filipenses 3:13, 14, 8.

Mas quando os olhos se acham cegados pelo amor do próprio eu, não há senão trevas. "Se, porém, os teus olhos forem maus, o teu corpo será tenebroso." Era essa terrível cegueira que envolvia os judeus em obstinada incredulidade, tornando-lhes impossível apreciarem o caráter e a missão dAquele que viera salvá-los de seus pecados.

O ceder à tentação começa ao permitirdes que a mente vacile, seja inconstante na confiança em Deus. Se não preferirmos entregar-nos inteiramente a Deus, achamo-nos então em trevas. Quando fazemos qualquer reserva, deixamos aberta uma porta pela qual Satanás pode entrar para nos extraviar com suas tentações. Ele sabe que, se nos puder obscurecer a visão de maneira que os olhos da fé não possam ver a Deus, não haverá barreira contra o pecado.

A predominância de um desejo pecaminoso revela a ilusão da alma. Cada condescendência com aquele desejo, avigora a aversão da alma para com Deus. Ao seguirmos a senda escolhida por Satanás, encontramo-nos envolvidos pelas sombras do mal, e cada passo leva a uma treva mais densa e aumenta a cegueira do coração.

A mesma lei que rege o mundo natural, domina o espiritual. Aquele que permanece nas trevas perderá por fim a faculdade da visão. Fica encerrado por uma treva mais profunda que a da meia-noite; e para ele o mais luminoso meio-dia não pode trazer nenhuma luz. "Anda em trevas e não sabe para onde deva ir; porque as trevas lhe cegaram os olhos." 1 João 2:11. Nutrindo persistentemente o mal, desatendendo voluntariamente as súplicas do divino amor, perde o pecador o amor do bem, o desejo em torno de Deus, a própria capacidade de receber a luz do Céu. O convite da misericórdia ainda é cheio de amor, a luz fulgura ainda tão resplandecente como quando raiou a princípio em sua alma; mas a voz cai em ouvidos moucos, a luz em olhos cegos.

Alma alguma é abandonada por Deus, entregue a seus próprios caminhos, enquanto houver qualquer raio de esperança quanto a sua salvação. "O homem se desvia de Deus, não Deus do homem." Nosso Pai celestial acompanha-nos com apelos e advertências e afirmações de compaixão, até se tornarem de todo inúteis posteriores oportunidades e privilégios. A responsabilidade fica com o pecador. Resistindo ao Espírito de Deus hoje, prepara ele o caminho para uma segunda resistência à luz quando ela vier com maior poder. Assim passa ele de um grau de resistência a outro, até que por fim a luz deixa de causar impressão, e ele cessa de corresponder por qualquer maneira ao Espírito de Deus. Então mesmo "a luz que em ti há" se tornou em trevas. A própria verdade que conhecemos ficou tão pervertida que aumenta a cegueira da alma.

"Ninguém pode servir a dois senhores." Mateus 6:24.

Cristo não diz que o homem não servirá a dois senhores, mas que ele não pode fazê-lo. Os interesses de Deus e os interesses de Mamom não têm ligação ou correspondência. Justamente onde a consciência do cristão o adverte para deter-se, para negar o próprio eu, para parar, aí mesmo o mundano ultrapassa a linha a fim de condescender com suas propensões egoístas. De um lado do limite se encontra o abnegado seguidor de Cristo; do outro lado está o amante do mundo, complacente consigo mesmo, cortejando a moda, empenhando-se em frivolidades e regalando-se em proibido prazer. Àquele lado do limite não pode ir o cristão.

Pessoa alguma pode ocupar uma posição neutra; não há classe neutra que nem ama a Deus nem serve ao inimigo da justiça. Cristo deve viver em Seus instrumentos humanos, e operar mediante suas faculdades, e agir por meio de suas aptidões. A vontade deles precisa estar submissa a Sua vontade; eles devem agir com o Seu Espírito. Então, não mais vivem eles, mas Cristo é que neles vive. Aquele que não se entregou inteiramente a Deus, acha-se sob o controle de outro poder, escutando outra voz, cujas sugestões são de caráter inteiramente diverso. Um serviço pela metade coloca o agente humano do lado do inimigo, como bem-sucedido aliado das hostes das trevas. Quando homens que se dizem soldados de Cristo se empregam na confederação de Satanás, e ajudam o seu lado, demonstram-se inimigos de Cristo. Traem sagrados depósitos. Formam um elo entre Satanás e os verdadeiros soldados, de modo que, por meio desses instrumentos, está o inimigo operando continuamente para roubar o coração dos soldados de Cristo.

O mais poderoso baluarte do vício em nosso mundo, não é a vida iníqua do abandonado pecador ou do degradado; é a vida que, ao contrário, parece virtuosa, respeitável e nobre, mas na qual é nutrido um pecado; a vida em que há complacência com um vício. Para a alma que está lutando intimamente contra alguma gigantesca tentação, tremendo à beira de um abismo, tal exemplo é um dos mais poderosos estímulos a pecar. Aquele que, dotado de altas concepções da vida, da verdade e da honra, transgride ainda voluntariamente um preceito da santa lei de Deus, perverteu seus nobres dons, tornando-os um laço para o pecado. O gênio, o talento, a simpatia, mesmo a generosidade e as boas ações, podem tornar-se um engodo de Satanás para seduzir almas para o precipício da ruína nesta vida e na por vir.

"Não ameis o mundo, nem o que no mundo há. Se alguém ama o mundo, o amor do Pai não está nele. Porque tudo o que há no mundo, a concupiscência da carne, a concupiscência dos olhos e a soberba da vida, não é do Pai, mas do mundo." 1 João 2:15, 16.

"Não andeis cuidadosos." Mateus 6:25 (TB).

Aquele que vos deu a vida, sabe qual é vossa necessidade de alimento para mantê-la. Aquele que criou o corpo não Se esquece de que necessitais de vestuário. Não há de Aquele que concedeu o dom maior proporcionar também o que é preciso para o completar?

Jesus chamou a atenção de Seus ouvintes para os pássaros enquanto entoavam seus cânticos de louvor, livres de preocupações, pois eles "nem semeiam, nem segam"; todavia o grande Pai lhes provê às necessidades. E pergunta: "Não tendes vós muito mais valor do que eles?"

"Sem que Ele o saiba não cai a andorinha, A alma contrita não está sozinha; Jesus está conosco em toda parte E em nosso pranto toma sempre parte. Jamais, jamais abandona Ele, assim, Quem nEle confiar até ao fim."

As encostas dos montes achavam-se matizadas de flores e, apontando-as no orvalhado frescor da manhã, disse Jesus:

"Olhai para os lírios do campo, como eles crescem." As formas graciosas, as delicadas cores das plantas e das flores podem ser copiadas pela habilidade humana; que toque, porém, é capaz de transmitir vida a uma flor, ou a uma haste sequer? Toda florinha à beira dos caminhos deve a existência ao mesmo poder que estabelece os luminosos mundos lá em cima. A todas as coisas criadas anima um frêmito de vida provindo do grande coração de Deus. As flores do campo são por Sua mão vestidas de mais ricos trajes do que os que adornaram em qualquer tempo os reis terrestres. E "se Deus assim veste a erva do campo, que hoje existe e amanhã é lançada no forno, não vos vestirá muito mais a vós, homens de pouca fé?"

É Aquele que fez as flores e que deu às aves o seu cântico, que diz: "Olhai para os lírios", "olhai para as aves." Na beleza das coisas da Natureza podeis aprender mais da sabedoria de Deus do que sabem os eruditos. Nas pétalas do lírio, escreveu Ele uma mensagem para vós -- escreveu-a em uma linguagem que vosso coração só pode ler à medida que desaprender as lições de desconfiança e egoísmo, de corrosivo cuidado. Por que vos deu Ele as aves canoras e as flores gentis, se não pelo transbordante amor de um coração de Pai, que desejava tornar-vos o caminho da vida luminoso e alegre? Tudo quanto vos era necessário à existência vos teria sido facultado mesmo sem as flores e os pássaros, mas Deus não estava satisfeito com o prover meramente o que bastasse à vida. Ele encheu a Terra e o espaço e o firmamento com traços de beleza a fim de mostrar-vos os pensamentos de amor que nutre a vosso respeito. A beleza de todas as coisas criadas não é senão um vislumbre do esplendor de Sua glória. Se Ele prodigalizou tão infinita maestria nas coisas da Natureza para vossa felicidade e alegria, podeis acaso duvidar de que vos conceda toda bênção necessária?

"Olhai para os lírios." Toda flor que descerra suas pétalas à luz solar obedece às mesmas grandes leis que regem as estrelas; e como é simples, e suave a sua existência! Por meio das flores Deus queria chamar-nos a atenção para a beleza do caráter cristão. Aquele que tal graça comunicou às flores, deseja muito mais que a alma seja revestida com a beleza do caráter de Cristo.

Olhai, diz Jesus, como crescem os lírios; como, brotando da terra escura e fria, ou do lodoso leito do rio, as plantas desabrocham em atrativos e fragrância. Quem teria sonhado as possibilidades de beleza no rústico bulbo escuro do lírio? Quando, porém, ao chamado de Deus na chuva e no sol, se desenvolve a vida divina ali oculta, os homens se maravilham ante a visão da graça e da beleza. Da mesma maneira se desdobra a vida de Deus em toda alma humana que se submete ao ministério de Sua graça que, abundante como a chuva e a luz solar, a todos traz as suas bênçãos. É a palavra de Deus que cria as flores, e a mesma palavra produzirá em vós as graças do Seu Espírito.

A lei de Deus é a lei do amor. Ele vos circundou de beleza a fim de ensinar-vos que não fostes colocados na Terra apenas para labutar pelo próprio eu, cavar e construir, mourejar e correr, mas tornar a vida luminosa e feliz e bela com o amor de Cristo -- para, com as flores, alegrar a vida dos outros mediante o ministério do amor.

Pais e mães, fazei com que vossos filhos aprendam das flores. Levai-os convosco ao jardim e ao campo e para baixo das frondosas árvores, e ensinai-lhes a ler na Natureza a mensagem do amor de Deus. Que a lembrança dEle esteja ligada aos pássaros, às flores e às árvores. Levai as crianças a ver em tudo quanto é belo e aprazível uma expressão do amor de Deus para elas. Tornai-lhes vossa religião desejável, apresentando-a pelo lado atrativo. Esteja em vossos lábios a lei da bondade.

Ensinai às crianças que, em virtude do grande amor de Deus, sua natureza pode ser mudada, e posta em harmonia com a dEle. Ensinai-lhes que Ele quer que sua vida seja embelezada com a graça das flores. E, ao colherem elas as suaves florinhas, ensinai-lhes que

Aquele que fez as flores é mais belo do que elas. Assim se enlaçarão em torno dEle as gavinhas de seu coração. Aquele que é "totalmente desejável" tornar-Se-á para elas como um companheiro diário e um amigo familiar, e sua existência será transformada à imagem de Sua pureza.

"Buscai primeiro o reino de Deus." Mateus 6:33.

O povo que escutava as palavras de Cristo, aguardava ainda ansiosamente qualquer anúncio do reino terrestre. Enquanto Jesus lhes descerrava os tesouros do Céu, a questão principal em muitos espíritos, era: Em que maneira podemos, ligando-nos a Ele, aumentar nossas perspectivas terrenas? Jesus mostrou como, fazendo das coisas do mundo sua suprema ansiedade, eles se assemelhavam às nações pagãs que os rodeavam, vivendo como se não existisse Deus, com Seu terno cuidado em torno de Suas criaturas.

"Todas estas coisas", disse Jesus, "as gentes do mundo buscam." "Vosso Pai celestial bem sabe que necessitais de todas estas coisas; mas buscai primeiro o reino de Deus, e a Sua justiça, e todas estas coisas vos serão acrescentadas." Lucas 12:30; Mateus 6:33. Eu vos vim revelar o reino de amor e de justiça e paz. Abri o coração para receberdes este reino, e tornai o serviço do mesmo o vosso principal interesse. Conquanto seja um reino espiritual, não temais que vossas necessidades quanto a esta vida não sejam consideradas. Se vos entregais ao serviço de Deus, Aquele que tem todo o poder no Céu e na Terra proverá o que necessitardes.

Jesus não nos dispensa da necessidade do esforço, mas ensina que devemos fazer dEle o primeiro e o último e o melhor em todas as coisas. Não nos devemos empenhar em nenhum negócio, seguir nenhum empreendimento, buscar prazer nenhum que impeça a operação de Sua justiça em nosso caráter e vida. Tudo quanto fizermos, devemos fazê-lo de coração, como ao Senhor.

Enquanto andou aqui na Terra, Jesus, mediante o conservar perante os homens a glória de Deus, e o subordinar todas as coisas à vontade do Pai, dignificou a vida em todos os seus pormenores. Se Lhe seguirmos o exemplo, a promessa que nos dá é de que nos "serão acrescentadas" todas as coisas necessárias a esta vida. A pobreza ou a riqueza, a doença ou a saúde, a simplicidade ou a sabedoria -- tudo se acha providenciado na promessa de Sua graça.

Os braços eternos de Deus circundam a alma que se volve para Ele em busca de auxílio, por mais fraca que seja essa alma. As preciosidades das colinas hão de perecer; mas a alma que vive para Deus com Ele permanecerá. "O mundo passa, e a sua concupiscência; mas aquele que faz a vontade de Deus permanece para sempre." 1 João 2:17. A cidade de Deus abrirá suas portas de ouro para receber aquele que, enquanto na Terra, aprendeu a apoiar-se em Deus quanto a direção e sabedoria, conforto e esperança, por entre perdas e aflições. Os cânticos dos anjos hão de festejar-lhe a entrada ali, e para ele dará seus frutos a árvore da vida. "As montanhas se desviarão, e os outeiros tremerão; mas a Minha benignidade não se desviará de ti, e o concerto da Minha paz não mudará, diz o Senhor, que Se compadece de ti." Isaías 54:10.

"Não vos inquieteis pois pelo dia de amanhã. ... Basta a cada dia o seu mal." Mateus 6:34.

Se vos entregastes a Deus, para fazer a Sua obra, não precisais estar ansiosos pelo dia de amanhã. Aquele de quem sois servo, conhece o fim desde o princípio. Os acontecimentos do amanhã, ocultos a vossos olhos, acham-se à vista dAquele que é onipotente.

Quando tomamos em nossas mãos o manejo das coisas com que temos de lidar, e confiamos em nossa própria sabedoria quanto ao êxito, chamamos sobre nós um fardo que Deus não nos deu, e estamos a levá-lo sem Sua ajuda. Estamos tomando sobre nós mesmos a responsabilidade que pertence a Deus, pondo-nos, na verdade, assim, em Seu lugar. Podemos bem ter ansiedade e antecipar perigos e perdas; pois isto é certo sobrevir-nos. Mas quando deveras acreditamos que Deus nos ama, e nos quer fazer bem, cessamos de afligir-nos a respeito do futuro. Confiaremos em Deus assim como uma criança confia em um amoroso pai. Então desaparecerão nossas turbações e tormentos; pois nossa vontade fundir-se-á com a vontade de Deus.

Cristo não nos deu promessa alguma de auxílio para quando levarmos hoje os fardos de amanhã. Disse Ele: "Minha graça te basta" (2 Coríntios 12:9); mas, como o maná dado no deserto, Sua graça é concedida diariamente, para a necessidade do dia. Como as hostes de Israel em sua vida de peregrinos, encontraremos manhã após manhã o pão do Céu para a provisão do dia.

Um dia sozinho nos pertence, e durante o mesmo cumpre-nos viver para Deus. Por esse dia devemos colocar na mão de Cristo, em solene serviço, todos os nossos desígnios e planos, depondo sobre Ele toda a nossa solicitude, pois tem cuidado de nós. "Eu bem sei os pensamentos que penso de vós, diz o Senhor, pensamentos de paz, e não de mal, para vos dar o fim que esperais." "Em vos converterdes, e em repousardes estaria a vossa salvação; no sossego e na confiança estaria a vossa força." Jeremias 29:11; Isaías 30:15.

Se buscardes o Senhor e vos converterdes cada dia; se, por vossa própria escolha espiritual, fordes livres e ditosos em Deus; se, com satisfeito consentimento do coração a

Seu gracioso convite, vierdes e tomardes o jugo de Cristo -- o jugo da obediência e do serviço -- todas as vossas murmurações emudecerão, remover-se-ão todas as vossas dificuldades, todos os desconcertantes problemas que ora vos defrontam se resolverão.

Capítulo 5—A Oração do Senhor

"Portanto vós orareis assim." Mateus 6:9.

A oração do Senhor foi duas vezes dada por nosso Salvador -- primeiro à multidão, no Sermão da Montanha, e outra vez, meses mais tarde, aos discípulos apenas. Por um breve período haviam eles estado ausentes de seu Senhor, quando, ao voltarem, O encontraram absorto em comunhão com Deus. Como despercebido de sua presença, Ele continuou a orar em voz alta. Um brilho celeste irradiava da face do Salvador. Parecia mesmo encontrar-Se na presença do Invisível. E havia um vivo poder em Suas palavras, o poder de alguém que fala com Deus.

O coração dos discípulos foi profundamente comovido enquanto eles escutavam. Tinham observado quão freqüentemente Jesus passava longas horas em solicitude, em comunhão com o Pai. Os dias, passava-os a servir as multidões que se comprimiam em torno dEle, e revelando os traiçoeiros sofismas dos rabis, e esse incessante labor deixava-O muitas vezes tão exausto que Sua mãe e Seus irmãos, e mesmo os discípulos, temiam que sacrificasse a vida. Ao volver, porém, das horas de oração que encerravam o afadigoso dia, notavam-Lhe a expressão de paz na fisionomia, a sensação de refrigério que parecia desprender-se de Sua presença. Era de horas passadas com Deus que Ele saía, manhã após manhã, para levar aos homens a luz do Céu. Os discípulos haviam chegado a ligar essas horas de oração com o poder de Suas palavras e obras. Agora, ao escutar-Lhe as súplicas, sentiram o coração encher-se de respeito e humildade. Quando Ele acabou de orar, foi com certa convicção de sua profunda necessidade que exclamaram: "Senhor, ensina-nos a orar." Lucas 11:1.

Jesus não lhes apresenta nenhuma nova forma de oração. Aquilo que já anteriormente lhes ensinara, repete agora, como se lhes quisesse dizer: Vocês devem compreender o que já lhes dei. Isso encerra uma profundeza de sentido que vocês ainda não sondaram.

O Salvador não nos restringe, entretanto, ao emprego exato dessas palavras. Identificado com a humanidade, apresenta Seu próprio ideal de oração -- palavras tão simples que podem ser adotadas por uma criancinha, e todavia tão compreensivas em sua amplitude que sua significação jamais poderá ser inteiramente apreendida pelos maiores espíritos. É-nos ensinado chegar a Deus com nosso tributo de ação de graças, dar a conhecer nossas necessidades, confessar os pecados que cometemos, e reclamar-Lhe a misericórdia em harmonia com a Sua promessa.

"Quando orardes, dizei: Pai." Lucas 11:2.

Jesus nos ensina a chamar Seu Pai nosso Pai. Ele não Se envergonha de nos chamar irmãos. Hebreus 2:11. Tão pronto, tão ansioso é o coração do Salvador de acolher-nos como membros da família de Deus, que logo nas primeiras palavras que devemos usar ao aproximar-nos de Deus, dá-nos a certeza de nossa divina relação -- "Pai".

Aí se encontra a declaração daquela admirável verdade, tão repleta de animação e conforto, de que Deus nos ama assim como ama a Seu Filho. Foi isto que Jesus disse na última oração que fez por Seus discípulos. Tu "os tens amado a eles como Me tens amado a Mim". João 17:23.

O mundo que Satanás tem pretendido, e sobre o qual tem governado com tirania cruel, o Filho de Deus, por uma vasta consecução, circundou em Seu amor, pondo-o novamente em ligação com o trono de Jeová. Querubins e Serafins, bem como as inumeráveis hostes de todos os mundos não caídos, entoam cânticos de louvor a Deus e ao Cordeiro ao ser assegurado esse triunfo. Regozijaram-se em que à raça caída fosse aberto o caminho da salvação, e que a Terra fosse redimida da maldição do pecado. Quanto mais não se deveriam regozijar aqueles que são os objetos de tão surpreendente amor!

Como podemos estar em dúvida e incerteza, e sentir-nos órfãos? Foi em benefício dos que haviam transgredido a lei que Jesus tomou sobre Si a natureza humana; Ele Se tornou como nós, a fim de podermos ter perene paz e segurança. Temos um Advogado nos Céus, e quem quer que O aceite como Salvador pessoal, não é deixado órfão, a carregar o fardo dos próprios pecados.

"Amados, agora somos filhos de Deus." "E, se nós somos filhos, somos logo herdeiros também, herdeiros de Deus, e co-herdeiros de Cristo; se é certo que com Ele padecemos, para que também com Ele sejamos glorificados." "Ainda não é manifestado o que havemos de ser. Mas sabemos que, quando Ele Se manifestar, seremos semelhantes a Ele; porque assim como é O veremos." 1 João 3:2; Romanos 8:17.

O primeiro passo mesmo ao aproximar-nos de Deus é conhecer e crer o amor que Ele nos tem! (1 João 4:16); pois é mediante a atração de Seu amor que somos induzidos a ir para Ele.

A percepção do amor de Deus opera a renúncia do egoísmo. Ao chamarmos Deus nosso Pai, reconhecemos todos os Seus filhos como irmãos. Somos todos parte da grande teia da humanidade, todos membros de uma só família. Em nossas petições, devemos incluir nossos semelhantes da mesma maneira que a nós mesmos. Pessoa alguma ora direito, se busca bênção unicamente para si.

O infinito Deus, disse Jesus, vos dá o privilégio de dEle vos aproximardes chamando-O de Pai. Compreende tudo quanto isto implica. Pai terreno algum já pleiteou tão fervorosamente com um filho errante como o faz com o transgressor Aquele que vos criou. Nenhum amorável interesse humano já acompanhou o impenitente com tão ternos convites. Deus mora em toda habitação; ouve cada palavra proferida, escuta cada oração erguida ao Céu, experimenta as dores e as decepções de cada alma, e considera o tratamento dispensado a pai e mãe, irmã, amigo e semelhante. Ele cuida de nossas necessidades, e Seu amor, Sua misericórdia e graça estão continuamente a fluir para satisfazer nossa necessidade.

Mas se chamais a Deus vosso Pai, vós vos reconheceis Seus filhos, para ser guiados por Sua sabedoria, e ser obedientes em todas as coisas, sabendo que Seu amor é imutável. Aceitareis Seu plano para vossa vida. Como filhos de Deus, mantereis, como objeto de vosso mais elevado interesse, Sua honra, Seu caráter, Sua família, Sua obra. Tereis regozijo em reconhecer e honrar vossa relação com o Pai e com cada membro de Sua família. Alegrar-vos-eis em praticar qualquer ato, embora humilde, que contribua para Sua glória ou bem-estar de vossos semelhantes.

"Que estás nos Céus." Aquele a quem Cristo nos ordena considerar "nosso Pai", "está nos Céus: faz tudo o que Lhe apraz." Em Seu cuidado podemos repousar tranqüilos, dizendo: "No dia em que eu temer, hei de confiar em Ti." Salmos 115:3; 56:3.

"Santificado seja o Teu nome." Mateus 6:9.

Para santificarmos o nome do Senhor é necessário que as palavras em que falamos do Ser Supremo sejam pronunciadas com reverência. "Santo e tremendo é o Seu nome." Salmos 111:9. Não devemos nunca, de qualquer modo, tratar com leviandade os títulos ou nomes da Divindade. Ao orar, penetramos na sala de audiência do Altíssimo, e devemos ir à Sua presença possuídos de santa reverência. Os anjos velam o rosto em Sua presença. Os querubins e os santos serafins aproximam-se de Seu trono com solene reverência. Quanto mais deveríamos nós, seres finitos e pecadores, apresentar-nos de modo reverente perante o Senhor, nosso Criador!

Mas santificar o nome do Senhor quer dizer muito mais do que isso. Podemos, como os judeus dos dias de Cristo, manifestar exteriormente a maior reverência por Deus, e todavia profanar constantemente o Seu nome. "O nome do Senhor" é "misericordioso e piedoso, tardio em iras e grande em beneficência e verdade;... que perdoa a iniquidade, e a transgressão, e o pecado." Êxodo 34:5-7. Da igreja de Cristo acha-se escrito: "Este é o nome que Lhe chamarão: O Senhor é nossa Justiça." Jeremias 33:16. Este nome é aposto a todo seguidor de Cristo. É a herança do filho de Deus. A família recebe o nome do Pai. O profeta Jeremias, num tempo de cruciante tristeza e tribulação para Israel, orou: "Somos chamados pelo Teu nome; não nos desampares." Jeremias 14:9.

Este nome é santificado pelos anjos no Céu, pelos habitantes dos mundos não caídos. Quando orais: "Santificado seja o Teu nome", pedis que seja santificado neste mundo, santificado em vós. Deus vos reconheceu como Seu filho, perante homens e anjos, orai para que não desonreis "o bom nome que sobre vós foi invocado". Tiago 2:7. Deus vos envia ao mundo como representantes Seus. Em cada ato da vida deveis tornar manifesto o nome de Deus. Esta petição é um convite para que possuais o caráter dEle. Não Lhe podeis santificar o nome, nem podeis representá-Lo perante o mundo, a menos que na vida e no caráter representeis a própria vida e caráter de Deus. Isto só podereis fazer mediante a aceitação da graça e justiça de Cristo.

"Venha o Teu reino." Mateus 6:10.

Deus é nosso Pai, que nos ama e de nós cuida, como filhos Seus que somos; Ele é também o grande Rei do Universo. Os interesses de Seu reino são nossos interesses, e nós devemos trabalhar por seu erguimento.

Os discípulos de Cristo esperavam a vinda imediata do reino de Sua glória; mas ao dar-lhes esta oração Jesus ensinou que o reino não devia ser então estabelecido. Deviam orar por sua vinda como acontecimento ainda no futuro. Mas essa petição era-lhes também uma certeza. Conquanto não devessem esperar a vinda do reino em seus dias, o fato de haver Jesus recomendado que por ela orassem, constitui prova de que certamente virá no tempo designado por Deus.

O reino da graça de Deus está sendo agora estabelecido, visto que corações que têm estado sobrecarregados de pecado e rebelião se rendem à soberania de Seu amor. O completo estabelecimento do reino de Sua glória, porém, não ocorrerá senão na segunda vinda de Cristo ao mundo. "O reino, e o domínio, e a majestade dos reinos debaixo de todo o céu, serão dados ao povo dos santos do Altíssimo." Daniel 7:27. Eles herdarão o reino que lhes foi preparado "desde a fundação do mundo". Mateus 25:34. E Cristo assumirá Seu grande poder e reinará.

As portas celestes tornar-se-ão a erguer, e, com miríades de miríades e milhares de milhares de santos, nosso Salvador sairá como Rei dos reis e Senhor dos senhores. Jeová Emanuel "será rei sobre toda a Terra; naquele dia um será o Senhor, e um será o Seu nome". "O tabernáculo de Deus" estará com os homens, "pois com eles habitará, e eles serão o Seu povo, e o mesmo Deus estará com eles, e será seu Deus." Zacarias 14:9; Apocalipse 21:3.

Antes dessa vinda, porém, disse Jesus: "Este evangelho do reino será pregado em todo o mundo, em testemunho a todas as gentes." Mateus 24:14. Seu reino não virá enquanto as boas novas de Sua graça não houverem sido levadas a toda a Terra. Assim, quando nos entregamos a Deus, e ganhamos outras almas para Ele, apressamos a vinda de Seu reino. Unicamente aqueles que se consagram a Seu serviço, dizendo: "Eis-me aqui, envia-me a mim" (Isaías 6:8), para abrir os olhos cegos, para desviar homens "das trevas" "à luz, e do poder de Satanás a Deus; a fim de que recebam a remissão dos pecados, e sorte entre os santificados" (Atos 26:18) -- unicamente eles oram com sinceridade: "Venha o Teu reino."

"Seja feita a Tua vontade, assim na Terra como no Céu." Mateus 6:10.

A vontade de Deus exprime-se nos preceitos de Sua santa lei, e os princípios desta lei são os mesmos princípios do Céu. Os anjos celestes não atingem mais alto conhecimento do que saber a vontade de Deus; e fazer Sua vontade é o mais elevado serviço em que se possam ocupar suas faculdades.

No Céu, porém, o serviço não é prestado no espírito de exigência legal. Quando Satanás se rebelou contra a lei de Jeová, a idéia de que existia uma lei ocorreu aos anjos quase como o despertar para uma coisa em que não se havia pensado. Em seu ministério, os anjos não são como servos, mas como filhos. Existe perfeita unidade entre eles e seu Criador. A obediência não lhes é pesada. O amor para com Deus torna o Seu serviço uma alegria. Assim, em toda alma em que Cristo, a esperança da glória, habita, ecoam Suas palavras: "Deleito-Me em fazer a Tua vontade, ó Deus Meu; sim, a Tua lei está dentro do Meu coração." Salmos 40:8.

A petição: "Seja feita a Tua vontade, assim na Terra como no Céu", é uma oração para que o reino do mal termine na Terra, o pecado seja para sempre destruído, e o reino da justiça se venha a estabelecer. Então, na Terra como no Céu se cumprirá "todo o desejo da Sua bondade". 2 Tessalonicenses 1:11.

"O pão nosso de cada dia nos dá hoje." Mateus 6:11.

A primeira metade da oração que Jesus nos ensinou, diz respeito ao nome, ao reino e à vontade de Deus -- que Seu nome seja honrado, Seu reino estabelecido, e Sua vontade cumprida. Depois de assim haverdes tornado o serviço de Deus a primeira coisa em vosso interesse, podeis pedir com confiança de que vossas próprias necessidades serão supridas. Se renunciastes ao próprio eu, entregando-vos a Cristo, sois um membro da família de Deus, e tudo quanto há na casa de vosso Pai vos pertence. Todos os tesouros de Deus vos estão franqueados -- tanto o mundo que agora existe, como o por vir. O ministério dos anjos, o dom de Seu Espírito, os labores de Seus servos -- tudo é para vós. O mundo, com tudo que nele há, pertence-vos até onde isto seja para vosso benefício. A própria inimizade do maligno se demonstrará uma bênção, na disciplina que vos proporciona para o Céu. Se "vós sois de Cristo", "tudo é vosso". 1 Coríntios 3:23, 21.

Sois, porém, como uma criança a quem não se confia ainda a direção de sua herança. Deus não vos entrega vossa preciosa possessão, para que Satanás, por seus astutos ardis, não vos engane, como fez com o primeiro par no Éden. Cristo a mantém para vós, além do alcance do espoliador. Como a criança, recebereis dia a dia o necessário para a necessidade diária. Cada dia deveis orar: "O pão nosso de cada dia nos dá hoje." Não desanimeis se não tendes o suficiente para amanhã. Tendes a garantia de Sua promessa: "Habitarás na Terra, e verdadeiramente serás alimentado." Diz Davi: "Fui moço, e agora sou velho; mas nunca vi desamparado o justo, nem a sua descendência a mendigar o pão." Salmos 37:3, 25. Aquele Deus que mandou os corvos alimentarem Elias junto à fonte de Querite, não passará por alto um de Seus filhos fiéis, pronto a se sacrificar. A respeito daquele que anda em justiça, está escrito: "O seu pão lhe será dado, as suas águas são certas." "Não serão envergonhados nos dias maus, e nos dias de fome se fartarão." "Aquele que nem mesmo a Seu próprio Filho poupou, antes O entregou por todos nós, como nos não dará também com Ele todas as coisas?" Isaías 33:16; Salmos 37:19; Romanos 8:32. Aquele que aligeirava os cuidados e ansiedades de Sua mãe viúva, e a ajudava a prover a casa de Nazaré, compreende toda mãe em sua luta por prover alimento aos filhos. O que Se compadeceu das turbas porque "estavam fatigadas e derramadas" (Mateus 9:36, TT), ainda Se compadece dos pobres sofredores. Sua mão está estendida para eles em uma bênção; e na própria oração que ensinou aos Seus discípulos, ensina-nos a lembrar os pobres.

Quando oramos: "O pão nosso de cada dia nos dá hoje", pedimos para outros da mesma maneira que para nós mesmos. E reconhecemos que aquilo que Deus nos dá não é somente para nós. Deus nos dá em depósito, a fim de podermos alimentar os famintos. Em Sua bondade, providenciou para os pobres. Salmos 68:10. E Ele diz: "Quando deres um jantar, ou uma ceia, não chames os teus amigos, nem os teus irmãos, nem os teus parentes nem vizinhos ricos. ... Mas, quando fizeres convite, chama os pobres, aleijados, mancos e cegos, e serás bem-aventurado; porque eles não têm com que te recompensar; mas recompensado te será na ressurreição dos justos." Lucas 14:12-14.

"Deus é poderoso para fazer abundar em vós toda graça, a fim de que tendo sempre, em tudo, toda suficiência, abundeis em toda boa obra." "O que semeia pouco, pouco também ceifará; e o que semeia em abundância, em abundância também ceifará." 2 Coríntios 9:8, 6.

A oração pelo pão de cada dia inclui, não somente o alimento para sustentar o corpo, mas aquele pão espiritual que nos nutrirá para a vida eterna. Jesus nos ordena: "Trabalhai, não pela comida que perece, mas pela comida que permanece para a vida eterna." João 6:27. Ele diz: "Eu sou o pão vivo que desceu do Céu; se alguém comer deste pão, viverá para sempre." V. 51. Nosso Salvador é pão da vida, e é mediante a contemplação de Seu amor, e recebendo esse amor no coração, que nos nutrimos do pão que desceu do Céu.

Recebemos a Cristo por meio de Sua Palavra; e o Espírito Santo é dado a fim de esclarecer a Palavra ao nosso entendimento, impressionando-nos o coração com suas verdades. Devemos dia a dia orar para que, ao lermos Sua Palavra, Deus envie Seu Espírito a fim de que se nos revele a verdade que nos fortaleça a alma para a necessidade do dia.

Ensinando-nos a pedir cada dia o que necessitamos -- tanto as bênçãos temporais como as espirituais -- Deus tem um propósito para nosso bem. Deseja que reconheçamos nossa dependência de Seu constante cuidado; pois procura atrair-nos em comunhão com Ele. Nessa comunhão com Cristo, mediante a oração e o estudo das grandes e preciosas verdades de Sua Palavra, seremos alimentados, como almas que têm fome; como os que têm sede, seremos dessedentados à fonte da vida.

"Perdoa-nos os nossos pecados, pois também nós perdoamos a qualquer que nos deve."
Lucas 11:4.

Jesus nos ensina que só poderemos receber o perdão de Deus se também nós perdoarmos aos outros. É o amor de Deus que nos atrai para Ele, e esse amor não nos pode tocar o coração sem criar amor por nossos irmãos.

Terminando a oração do Senhor, Jesus acrescentou: "Se perdoardes aos homens as suas ofensas, também vosso Pai celestial vos perdoará a vós; se, porém, não perdoardes aos homens as suas ofensas, também vosso Pai vos não perdoará as vossas ofensas." Aquele que não perdoa, obstrui o próprio conduto pelo qual, unicamente, pode receber misericórdia de Deus. Não deve pensar que, a menos que os que nos prejudicaram, confessem o mal, estamos justificados ao privá-los de nosso perdão. É dever deles, sem dúvida, humilhar o coração pelo arrependimento e confissão; cumpre-nos, porém, ter espírito de compaixão para com os que pecaram contra nós, quer confessem quer não suas faltas. Não importa quão cruelmente nos tenham ferido, não devemos acariciar nossos ressentimentos, simpatizando com nós mesmos pelos males que nos são causados; mas, como esperamos nos sejam perdoadas nossas ofensas contra Deus, cumpre-nos perdoar a todos os que nos têm feito mal.

O perdão, porém, tem sentido mais amplo do que muitos supõem. Dando a promessa de que perdoará "abundantemente", Deus acrescenta, como se o significado dessa promessa excedesse a tudo que pudéssemos compreender: "Os Meus pensamentos não são os vossos pensamentos, nem os Meus caminhos os vossos caminhos, diz o Senhor. Porque, assim como os céus são mais altos do que a Terra, assim são os Meus caminhos mais altos do que os vossos caminhos, e os Meus pensamentos mais altos do que os vossos pensamentos." Isaías 55:7-9. O perdão de Deus não é meramente um ato judicial pelo qual Ele nos livra da condenação. É não somente perdão pelo pecado, mas livramento do pecado. É o transbordamento de amor redentor que transforma o coração. Davi tinha a verdadeira concepção do perdão ao orar: "Cria em mim, ó Deus, um coração puro, e renova em mim um espírito reto." Salmos 51:10. E noutro lugar ele diz: "Quanto está longe o Oriente do Ocidente, assim afasta de nós as nossas transgressões." Salmos 103:12.

Deus, em Cristo, ofereceu-Se por nossos pecados. Sofreu a cruel morte de cruz, carregou por nós o peso da culpa, "o justo pelos injustos", a fim de poder manifestar-nos Seu amor, e atrair-nos a Si. E diz: "Sede uns para com os outros benignos, misericordiosos, perdoando-vos uns aos outros, como também Deus vos perdoou em Cristo." Efésios 4:32. Que Cristo, a divina Vida, habite em vós, e manifeste por vosso intermédio o amor de origem celeste que irá inspirar esperança no desalentado e levar paz ao coração ferido pelo pecado. Ao aproximar-nos de Deus, eis a condição que temos de satisfazer ao pisar o limiar -- que, recebendo misericórdia de Sua parte, nos entreguemos a nós mesmos para revelar a outros Sua graça.

O elemento essencial para que possamos receber e comunicar o amor perdoador de Deus, é conhecer e crer o amor que Ele nos tem. 1 João 4:16. Satanás opera por meio de todo engano de que pode dispor a fim de não distinguirmos esse amor. Levar-nos-á a pensar que nossas faltas e transgressões têm sido tão ofensivas que o Senhor não tomará em consideração nossas orações, e não nos abençoará nem salvará. Não podemos ver em nós mesmos senão fraqueza, coisa alguma que nos recomende a Deus, e Satanás nos diz que é inútil; não podemos remediar nossos defeitos de caráter. Quando tentamos ir ter com Deus, o inimigo segreda: "Não adianta orares; não praticaste aquela má ação? Não pecaste contra Deus, e não violaste tua consciência?" Temos, porém, o direito de dizer ao inimigo que "o sangue de Jesus Cristo, Seu Filho, nos purifica de todo pecado". 1 João 1:7. Quando sentimos que pecamos, e não nos é possível orar, é o momento de orar. Talvez nos sintamos envergonhados e profundamente humilhados; devemos, porém, orar e crer. "Esta é uma palavra fiel e digna de toda aceitação, que Cristo Jesus veio ao mundo, para salvar os pecadores, dos quais eu sou o principal." 1 Timóteo 1:15. O perdão, a reconciliação com Deus, não nos é concedido, como recompensa por nossas obras, não é outorgado em virtude dos méritos de homens pecadores, mas é uma dádiva feita a nós, a qual tem na imaculada justiça de Cristo o fundamento de Sua disposição.

Não devemos procurar diminuir nossa culpa escusando o pecado. Cumpre-nos aceitar a divina avaliação do pecado, e essa é deveras pesada. Unicamente o Calvário pode revelar a terrível enormidade do pecado. Caso devêssemos suportar nossa própria culpa, ela nos esmagaria. Mas o Inocente tomou-nos o lugar; conquanto não a merecesse, Ele carregou com a nossa iniquidade. "Se confessarmos os nossos pecados", Deus "é fiel e justo para nos perdoar os pecados, e nos purificar de toda a injustiça." 1 João 1:9. Gloriosa verdade! -- justo para com Sua lei, e todavia Justificador de todos quantos acreditam em Jesus. "Quem, ó Deus, é semelhante a Ti, que perdoas a iniquidade, e que Te esqueces da rebelião do restante da Tua herança? O Senhor não retém a Sua ira para sempre, porque tem prazer na benignidade." Miquéias 7:18.

"E não nos deixes cair em tentação; mas livra-nos do mal." Mateus 6:13.

A tentação é um estímulo a pecar, e isto não procede de Deus, mas de Satanás, e do mal que há em nosso próprio coração. "Deus não pode ser tentado pelo mal, e a ninguém tenta." Tiago 1:13.

Satanás procura levar-nos à tentação, a fim de que o mal que existe em nosso caráter se possa revelar perante os homens e os anjos, de modo que ele nos reclame como seus. Na simbólica profecia de Zacarias, vê-se Satanás à direita do Anjo do Senhor, acusando Josué, o sumo sacerdote, o qual está vestido de vestidos sujos, e resistindo (o diabo) à obra que o Anjo deseja fazer em favor dele. Isto representa a atitude de Satanás para com toda alma a quem Cristo busca atrair para Si. O inimigo nos induz ao pecado, e depois nos acusa em face do universo celeste como indignos do amor de Deus. Mas "o Senhor disse a Satanás: O Senhor te repreende, ó Satanás; sim, o Senhor, que escolheu Jerusalém, te repreende; não é esse um tição tirado do fogo?" E disse a Josué: "Eis que tenho feito com que passe de ti a tua iniqüidade, e te vestirei de vestidos novos." Zacarias 3:1-4.

Deus, em Seu grande amor, procura desenvolver em nós as preciosas graças do Seu Espírito. Permite que enfrentemos obstáculos, perseguições e vicissitudes, não como uma maldição, mas como a maior bênção de nossa vida. Toda tentação resistida, toda provação valorosamente suportada, traz-nos uma nova experiência, levando-nos avante na obra da edificação do caráter. A alma que, mediante o poder divino, resiste à tentação, revela ao mundo e ao universo celeste a eficácia da graça de Cristo.

Conquanto, porém, não nos devamos abater com a provação, por mais severa que seja, cumpre-nos orar para que Deus não permita que sejamos induzidos a uma situação em que os desejos de nosso próprio coração mau nos arrastem. Ao fazer a oração que Jesus nos ensinou, submetemo-nos à guia de Deus, pedindo-Lhe guiar-nos por caminhos seguros. Não podemos fazer essa oração com sinceridade, e ainda decidir trilhar qualquer senda de nossa própria escolha. Esperaremos Sua mão para nos conduzir; escutar-Lhe-emos a voz, dizendo: "Este é o caminho, andai nele." Isaías 30:21.

É perigoso deter-nos a considerar as vantagens que poderemos colher em ceder às sugestões de Satanás. O pecado implica em desonra e ruína para toda alma que com ele condescende; sua natureza, porém, é de molde a cegar e iludir, e nos engodará com lisonjeiras perspectivas. Caso nos aventuremos no terreno do inimigo, não temos nenhuma garantia de proteção contra o seu poder. Cumpre-nos, no que de nós depender, cerrar toda entrada pela qual ele possa encontrar acesso à alma.

A súplica: "Não nos deixes cair em tentação", é em si mesma uma promessa. Se nos entregamos a Deus, temos a certeza de que Ele "vos não deixará tentar acima do que podeis, antes com a tentação dará também o escape, para que a possais suportar". 1 Coríntios 10:13.

A única salvaguarda contra o mal é a presença de Cristo no coração mediante a fé em Sua justiça. É por causa da existência do egoísmo em nosso coração, que a tentação tem poder sobre nós. Ao contemplarmos, no entanto, o grande amor de Deus, o egoísmo se nos apresenta em seu horrível e repugnante caráter, e nosso desejo é vê-lo expelido da alma. À medida que o Espírito Santo glorifica a Cristo, nosso coração é abrandado e subjugado, as tentações perdem sua força, e a graça de Cristo transforma o caráter.

Cristo jamais abandonará a alma por quem morreu. A alma poderá deixá-Lo, e ser vencida pela tentação; Cristo, porém, não pode nunca Se desviar daquele por quem pagou o resgate com a própria vida. Fosse nossa visão espiritual vivificada, e veríamos almas vergadas sob a opressão e carregadas de desgosto, oprimidas como o carro sob os molhos, e prestes a morrer em desalento. Veríamos anjos voando celeremente em auxílio desses tentados, os quais se encontram como às bordas de um precipício. Os anjos celestes impelem para trás as hostes malignas que circundam essas almas, induzindo-as a pôr os pés no firme fundamento. As batalhas travadas entre os dois exércitos são tão reais como os combates entre os exércitos deste mundo, e do resultado do conflito dependem destinos eternos.

Como a Pedro, é-nos dirigida a palavra: "Satanás vos pediu para vos cirandar como trigo; mas Eu roguei por ti, para que a tua fé não desfaleça." Lucas 22:31, 32. Graças a Deus, não somos deixados sozinhos. Aquele que "amou o mundo de tal maneira que deu o Seu Filho unigênito, para que todo aquele que nEle crê não pereça, mas tenha a vida eterna" (João 3:16), não nos abandonará na batalha contra o adversário de Deus e do homem. "Eis", diz Ele, "que vos dou poder para pisar serpentes e escorpiões, e toda a força do inimigo, e nada vos fará dano algum." Lucas 10:19.

Vivei em contato com o Cristo vivo, e Ele vos segurará firmemente com uma mão que nunca soltará. Conhecei e crede o amor que Deus nos tem, e estareis seguros; esse amor é uma fortaleza inexpugnável contra todos os enganos e assaltos de Satanás. "Torre forte é o nome do Senhor; para ela correrá o justo, e estará em alto retiro." Provérbios 18:10.

"Teu é o reino, e o poder, e a glória." Mateus 6:13.

A última, como a primeira sentença da Oração do Senhor, volve-nos para o Pai como Se achando acima de todo poder e autoridade e todo nome que se nomeia. O Salvador contemplou os anos que se estendiam diante dos Seus discípulos, não como haviam sonhado, ao brilho da prosperidade e da honra mundanas, mas obscurecidos pelas tempestades do ódio humano e da ira satânica. Por entre os conflitos e ruína nacionais, seriam os passos dos discípulos rodeados de perigos, oprimindo-se-lhes muitas vezes o coração de temor. Eles veriam Jerusalém reduzida à desolação, o templo arrasado, seu culto para sempre acabado, e Israel disperso para todas as terras, quais náufragos em uma praia deserta. Jesus disse: "E ouvireis de guerras e de rumores de guerras." "... se levantará nação contra nação, e reino contra reino, e haverá fomes, e pestes, e terremotos, em vários lugares. Mas todas estas coisas são princípio de dores." Mateus 24:6-8. Todavia os seguidores de

Cristo não deviam temer que sua esperança ficasse perdida, ou que Deus houvesse abandonado a Terra. O poder e a glória pertencem Àquele cujos grandes desígnios avançam ainda, não entravados, rumo à consumação. Na oração que exprime suas necessidades diárias, os discípulos de Cristo foram guiados a olhar acima de todo poder e domínio do mal, ao Senhor seu Deus, cujo reino domina sobre todos, e o qual é seu Pai e seu Amigo eternamente.

A ruína de Jerusalém era um símbolo da ruína final que assolará o mundo. As profecias que tiveram seu parcial cumprimento na queda de Jerusalém, têm mais direta aplicação aos últimos dias. Encontramo-nos no limiar de grandes e solenes acontecimentos. Acha-se diante de nós uma crise, como o mundo jamais presenciou. E, quão doce nos é, a nós, como aos primeiros discípulos, a certeza que nos é dada, de que o reino de Deus domina para sempre! O programa dos acontecimentos por vir está nas mãos de nosso Criador. A Majestade do Céu tem a Seu cargo o destino das nações, bem como os interesses de Sua igreja. A todo instrumento na consecução de Seus planos, como a Ciro outrora, diz o divino Instrutor: "Eu te cingirei ainda que tu Me não conheças." Isaías 45:5.

Na visão do profeta Ezequiel, sob as asas do querubim, havia a aparência de uma mão. Isto deve ensinar a Seus servos que é o poder divino que lhes confere êxito. Aqueles a quem Deus emprega como Seus mensageiros não devem pensar que Sua obra deles depende. Não é permitido que seres finitos carreguem esse peso de responsabilidades. Aquele que não tosqueneja, que opera continuamente pelo cumprimento de Seus desígnios, há de levar avante a Sua obra. Ele embargará os propósitos dos ímpios, e confundirá os conselhos dos que tramam maldades contra o Seu povo. Aquele que é o Rei, o Senhor dos Exércitos, senta-Se entre os querubins e, por entre as contendas e tumultos das nações, guarda ainda os Seus filhos. Aquele que reina nos Céus é nosso Salvador. Mede cada provação, vigia o fogo da fornalha que há de provar cada alma. Quando forem derribadas as fortalezas dos reis, quando as setas da ira penetrarem o coração de Seus inimigos, a salvo se encontrará Seu povo em Suas mãos.

"Tua é, Senhor, a magnificência, e o poder, e a honra, e a vitória, e a majestade; porque Teu é tudo quanto há nos Céus e na Terra. ... Na Tua mão há força e poder; e na Tua mão está o engrandecer e dar força a tudo." 1 Crônicas 29:11, 12.

Capítulo 6—Não Julgar, mas Praticar

"Não julgueis, para que não sejais julgados." Mateus 7:1.

O esforço de obter a salvação pelas próprias obras leva inevitavelmente os homens a amontoar exigências como uma barreira contra o pecado. Pois, vendo que falham no observar a lei, imaginam regras e regulamentos eles próprios, para se obrigarem a obedecer. Tudo isto desvia a mente, de Deus para si mesmos. Seu amor extingue-se-lhes no coração, e com ele perece o amor para com seus semelhantes. Um sistema de invenção humana, com suas múltiplas exigências, induz seus adeptos a julgar a todos quantos faltem à prescrita norma humana. A atmosfera de crítica egoísta e estreita, sufoca as nobres e generosas emoções, fazendo com que os homens se tornem egocêntricos juízes e mesquinhos espias.

Desta classe eram os fariseus. Saíam de seus serviços religiosos, não humilhados com o senso da própria fraqueza, não agradecidos pelos grandes privilégios a eles concedidos por Deus. Saíam cheios de orgulho espiritual, e seu tema era: "Eu mesmo, meus sentimentos, meus conhecimentos, meus caminhos." Suas próprias consecuções tornavam-se a norma pela qual julgavam os outros. Revestindo-se das vestes da própria dignidade, arrogavam-se a cadeira de juízes para criticar e condenar.

O povo partilhava, em grande parte, do mesmo espírito, penetrando nos domínios da consciência, e julgando-se uns aos outros em assuntos que diziam respeito à alma e Deus. Foi com referência a esse espírito e prática, que Jesus disse: "Não julgueis, para que não sejais julgados." Isto é, não vos ponhais como norma. Não façais de vossas opiniões, vossos pontos de vista quanto ao dever, vossas interpretações da Escritura, um critério para outros, condenando-os em vosso coração se não atingem vosso ideal. Não critiqueis a outros, conjeturando os seus motivos, e formando juízos. "Nada julgueis antes de tempo, até que o Senhor venha, o qual também trará à luz as coisas ocultas das trevas, e manifestará os desígnios dos corações." 1 Coríntios 4:5. Não nos é possível ler o coração. Faltosos nós mesmos, não nos achamos capacitados para assentar-nos como juízes dos outros. Os homens finitos não podem julgar senão pelas aparências. Unicamente Àquele que conhece as ocultas fontes da ação, e que trata terna e compassivamente, pertence decidir o caso de cada alma.

"És inescusável quando julgas, ó homem, quem quer que sejas, porque te condenas a ti mesmo naquilo em que julgas a outro; pois tu, que julgas, fazes o mesmo." Romanos 2:1. Portanto aqueles que condenam ou criticam a outros, proclamam-se eles próprios culpados; pois fazem a mesma coisa. Ao condenarem outros, estão sentenciando-se a si mesmos; e Deus declara justa esta sentença. Ele aceita o veredicto deles próprios contra si.

"Pés desajeitados, calcando a lama, Esmagam flores, impiedosamente; Com mãos cruéis trespassamos O coração sensível de um amigo."

"Por que reparas tu no argueiro que está no olho de teu irmão?" Mateus 7:3.

Nem mesmo a sentença "Tu, que julgas, fazes o mesmo", alcança a magnitude do pecado daquele que presume criticar e condenar a seu irmão. Jesus disse: "Por que reparas tu no argueiro que está no olho de teu irmão, e não vês a trave que está no teu olho?"

Suas palavras se aplicam à pessoa que é pronta em discernir um defeito nos outros. Quando pensa que descobriu uma imperfeição no caráter ou na vida, é extremamente zelosa em buscar apontá-la; mas Jesus declara que o próprio traço de caráter desenvolvido pelo fazer esta obra anticristã é, em comparação com a falta criticada, como uma trave em comparação com um argueiro. É a própria falta do espírito de paciência e amor que o leva a fazer um mundo de um simples átomo. Aqueles que nunca experimentaram a contrição de uma completa entrega a Cristo, não manifestam em sua vida a suavizadora influência do amor do Salvador. Representam mal o brando, cortês espírito do evangelho, e ferem almas preciosas, por quem Cristo morreu. Segundo a figura empregada por nosso Salvador, aquele que condescende com o espírito de censura é culpado de um pecado maior do que aquele a quem acusa; pois não somente comete o mesmo pecado, como acrescenta ao mesmo presunção e espírito de crítica.

Cristo é a única verdadeira norma de caráter, e aquele que se põe como padrão para os outros, está-se colocando no lugar de Cristo. E visto haver o Pai dado "ao Filho todo o juízo" (João 5:22), quem quer que presuma julgar os motivos dos outros está outra vez usurpando a prerrogativa do Filho de Deus. Esses supostos juízes e críticos estão-se colocando do lado do Anticristo, "o qual se opõe, e se levanta contra tudo o que se chama Deus ou se adora; de sorte que se assentará, como Deus, no templo de Deus, querendo parecer Deus". 2 Tessalonicenses 2:4.

O pecado que conduz aos mais infelizes resultados, é o espírito frio, crítico, irreconciliável que caracteriza o farisaísmo. Quando a experiência religiosa é destituída de amor, aí não Se encontra Jesus; aí não está a luz de Sua presença. Nenhuma atarefada atividade ou zelo sem Cristo pode suprir a falta. Haverá talvez uma admirável percepção para descobrir os defeitos dos outros mas a todos quantos condescendem com esse espírito, Jesus diz: "Hipócrita, tira primeiro a trave do teu olho, então cuidarás em tirar o argueiro do olho de teu irmão." Aquele que é culpado de erro, é o primeiro a suspeitar do erro. Condenando o outro, está ele procurando ocultar ou desculpar o mal do próprio coração. Foi por meio do pecado que os homens adquiriram o conhecimento do mal; tão depressa havia o primeiro par pecado, começaram a se acusar um ao outro e é isto que a natureza humana inevitavelmente fará, quando não se ache controlada pela graça de Cristo.

Quando os homens condescendem com esse espírito acusador, não se satisfazem com apontar o que julgam um defeito em seu irmão. Se falham os meios brandos para levá-lo a fazer o que julgam que deve ser feito, recorrem à força. Até onde estiver ao seu alcance, obrigarão os homens a satisfazer suas idéias do que é direito. Foi isto que os judeus fizeram nos dias de Cristo, e é o que a igreja tem feito desde então, uma vez que haja perdido a graça de Cristo. Achando-se destituída do poder do amor, tem buscado o braço forte do Estado para tornar obrigatórios os seus dogmas e executar-lhe os decretos. Nisto reside o segredo de todas as leis religiosas já decretadas, e o segredo de toda perseguição, desde os dias de Abel até aos nossos dias.

Cristo não tange, mas atrai os homens a Si. Não compele, senão que constrange por amor. Quando a igreja começa a buscar o apoio do poder secular, é evidente achar-se ela destituída do poder de Cristo -- o constrangimento do divino amor.

A dificuldade, porém, jaz com os membros da igreja, individualmente, e é aí que se deve operar a cura. Jesus manda que o acusador tire primeiro a trave de seu olho, renuncie a seu espírito de crítica, confesse e abandone o próprio pecado, antes de procurar corrigir a outros. Porque "não há boa árvore que dê mau fruto, nem má árvore que dê bom fruto". Lucas 6:43. Esse espírito de acusação com que condescendeis é um fruto mau, e mostra que é má a árvore. Inútil vos é edificar-vos sobre a justiça própria. O que necessitais é mudança de coração. Precisais dessa experiência antes de vos achardes habilitados a corrigir os outros pois "do que há em abundância no coração, disso fala a boca". Mateus 12:34.

Ao sobrevir uma crise na vida de qualquer alma, e tentardes dar conselho ou advertência, vossas palavras só exercerão, no bom sentido, o peso e a influência que vos houverem adquirido vosso exemplo e espírito. Precisais ser bons para que possais fazer o bem. Não vos será possível influenciar os outros a se transformarem enquanto vosso coração não se houver tornado humilde, refinado e brando por meio da graça de Cristo. Quando esta mudança se houver operado em vós, ser-vos-á tão natural viver para beneficiar a outros, como o é para a roseira dar suas perfumosas flores, ou a videira produzir purpurinos cachos.

Se Cristo está em vós, "a esperança da glória", não estareis dispostos a observar os outros, a expor-lhes os erros. Em lugar de procurar acusar e condenar, tereis como objetivo ajudar, beneficiar, salvar. Ao lidar com os que se encontram em erro, atendereis à recomendação: Olha "por ti mesmo, para que não sejas também tentado". Gálatas 6:1. Procurareis lembrar as muitas vezes que tendes errado, e quão difícil vos foi achar o caminho certo uma vez que dele vos havíeis apartado. Não impelireis vosso irmão para mais densas trevas mas, coração cheio de piedade, falar-lhe-eis do perigo em que está.

Aquele que olha muitas vezes para a cruz do Calvário, lembrando-se de que seus pecados para ali levaram o Salvador, nunca buscará calcular a extensão de sua culpa em comparação com a de outros. Não se arvorará em juiz para acusar a outros. Não haverá espírito de crítica ou exaltação do próprio eu por parte daqueles que andam à sombra da cruz do Calvário.

Enquanto não vos sentirdes dispostos a sacrificar o amor próprio e mesmo dar a própria vida para salvar um irmão em erro, não tirastes a trave do próprio olho de maneira a estar preparados para ajudar a um irmão. Quando assim fizerdes, podeis aproximar-vos dele, e tocar-lhe o coração. Pessoa alguma já foi conquistada de um caminho errado por meio de censura e exprobrações; mas muitos têm sido afastados de Cristo, e levados a cerrar o coração contra a convicção da culpa. Um espírito brando, uma suave e cativante atitude, pode salvar o errado, e cobrir uma multidão de pecados. A revelação de Cristo em vosso caráter terá um poder transformador sobre todos com quem entrardes em contato. Seja Cristo diariamente manifestado em vós e Ele revelará por vosso intermédio a energia criadora de Sua palavra -- uma delicada, persuasiva e todavia poderosa influência para regenerar outras almas segundo a beleza do Senhor nosso Deus.

"Não deis aos cães as coisas santas." Mateus 7:6.

Jesus Se refere aqui a uma classe que não experimenta desejo de escapar à servidão do pecado. Pela condescendência com o que é corrupto e vil, sua natureza tornou-se tão degradada, que se apegam ao mal, e dele não se separam. Os servos de Cristo não se devem deixar entravar por aqueles que só fariam do evangelho um objeto de contenção e ridículo.

O Salvador, porém, jamais passou por alto uma alma disposta a receber as preciosas verdades do Céu, por mais abismada que esteja essa alma no pecado. Para publicanos e meretrizes, foram Suas palavras o início de uma vida nova. Maria Madalena, de quem Ele expulsou sete demônios, foi a última a deixar o sepulcro do Salvador, e a primeira a ser por Ele saudada na manhã da ressurreição. Foi Saulo de Tarso, um dos mais decididos inimigos do evangelho, que se tornou Paulo, o consagrado ministro de Cristo. Sob uma aparência de ódio e desprezo, mesmo sob o crime e a degradação, pode-se achar oculta uma alma que a graça de Cristo haja de redimir, para brilhar como uma jóia na coroa do Redentor.

"Pedi, e dar-se-vos-á; buscai, e encontrareis; batei, e abrir-se-vos-á." Mateus 7:7.

A fim de não deixar margem alguma à incredulidade, à má compreensão ou a uma errônea interpretação de Suas palavras, o Senhor repete a promessa três vezes dada. Ele almeja que aqueles que buscam a Deus creiam nAquele que é capaz de fazer todas as coisas. Acrescenta, portanto: "Porque, aquele que pede, recebe; e, o que busca, encontra; e, ao que bate, se abre."

O Senhor não especifica nenhuma condição a não ser que tenhais fome de Sua misericórdia, desejo de conselhos Seus, e aneleis o Seu nome. "Pedi." O pedir manifesta o reconhecimento que tendes de vossa necessidade; e, se pedis com fé, recebereis. O Senhor empenhou Sua palavra, e esta não pode falhar. Se a Ele vos chegais com sincera contrição, não tendes que pensar ser presunção de vossa parte o pedir aquilo que o Senhor prometeu. Quando pedis as bênçãos de que necessitais a fim de aperfeiçoar um caráter segundo a imagem de Cristo, o Senhor vos garante que pedis em harmonia com uma promessa que se cumprirá. O fato de vos reconhecerdes pecador, é base suficiente para implorardes Sua compaixão e misericórdia. A condição sob que vos deveis apresentar a Deus, não é que haveis de ser santos, mas que desejais que Ele vos limpe de todo pecado, e vos purifique de toda iniqüidade. O argumento que podemos alegar agora e sempre é nossa grande necessidade, nossa condição de completa impotência, o que O torna, a Ele e a Seu poder redentor, uma necessidade.

"Buscai." Não desejeis somente Suas bênçãos, mas a Ele próprio. "Une-te pois a Ele, e tem paz." Jó 22:21. Buscai, e encontrareis. Deus vos está buscando, e o próprio desejo que experimentais de a Ele vos achegar, não é senão a atração de Seu Espírito. Cedei a essa atração. Cristo está pleiteando a causa do tentado, do errante, dos destituídos de fé. Está buscando erguê-los ao nível de companheiros Seus. "Se O buscares, será achado de ti." 1 Crônicas 28:9.

"Batei." Vamos ter com Deus por um convite especial, e Ele nos espera para dar-nos as boas-vindas a Sua câmara de audiência. Os primeiros discípulos que seguiram a Jesus não ficaram satisfeitos com uma conversa rápida com Ele pelo caminho; disseram: "Rabi... onde moras?"... "foram, e viram onde morava, e ficaram com Ele aquele dia." João 1:38, 39. Assim podemos ser admitidos na maior intimidade e comunhão com Deus. "Aquele que habita no esconderijo do Altíssimo, à sombra do Onipotente descansará." Salmos 91:1. Batam, aqueles que desejam as bênçãos de Deus, e esperem à porta da misericórdia com firme certeza, dizendo: Pois Tu, ó Senhor, disseste: "Aquele que pede, recebe; e, o que busca, encontra; e, ao que bate, se abre."

Jesus olhava aos que se achavam reunidos a ouvir-Lhe as palavras, desejando ansiosamente que a grande multidão apreciasse a misericórdia e a amorável bondade de Deus. Para ilustrar a necessidade deles, e a divina boa vontade de dar, apresenta-lhes o quadro de uma criança com fome, pedindo pão a seus pais terrestres. "E qual dentre vós é o homem", disse, "que pedindo-lhe pão o seu filho, lhe dará uma pedra?" Apela para a terna e natural afeição de um pai para seu filho, e depois diz: "Se vós, pois, sendo maus, sabeis dar boas coisas aos vossos filhos, quanto mais vosso Pai, que está nos Céus, dará bens aos que Lhos pedirem?" Homem algum que tenha um coração de pai, se desviaria de seu filho com fome, a pedir pão. Poderiam eles imaginá-lo capaz de gracejar com a criança ou de martirizá-la despertando-lhe a esperança, só para depois a decepcionar? Prometeria ele dar-lhe bom e nutritivo alimento, para depois dar-lhe uma pedra? E desonraria alguém a Deus imaginando que Ele não atendesse aos apelos de Seus filhos?

Se vós, pois, sendo humanos e maus, "sabeis dar boas dádivas aos vossos filhos, quanto mais dará o Pai celestial o Espírito Santo àqueles que Lho pedirem?" Lucas 11:13. O Espírito Santo, Seu próprio representante, é o maior de todos os dons. Todas as "boas coisas" se acham compreendidas nesse dom. O próprio Criador não nos pode dar coisa alguma maior, coisa alguma melhor. Quando rogamos ao Senhor que tenha piedade de nós em nossa aflição, e nos guie por Seu Santo Espírito, Ele nunca rejeitará nossa oração. É possível que mesmo um pai terrestre desatenda a seu filho com fome, mas Deus jamais desprezará o grito do necessitado e anelante coração. Com que maravilhosa ternura descreveu Ele o Seu amor! Eis, para os que nos dias escuros, julgam que Deus os esqueceu, a mensagem do coração do Pai: "Sião diz: Já me desamparou o Senhor, e o Senhor já Se esqueceu de mim. Pode uma mulher esquecer-se do filho que cria, que se não compadeça dele, do filho do seu ventre? mas ainda que esta se esquecesse, Eu, todavia, Me não esquecerei de ti. Eis que nas palmas das Minhas mãos te tenho gravado." Isaías 49:14-16.

Toda promessa na Palavra de Deus nos fornece assunto de oração, apresentando a empenhada palavra de Jeová como nossa garantia. Seja qual for a bênção espiritual de que necessitemos, cabe-nos o privilégio de reclamá-la por meio de Jesus. Podemos dizer ao Senhor, com a singeleza de uma criança, justamente o que necessitamos. Podemos declarar-Lhe nossos negócios temporais, pedindo-Lhe pão e roupa da mesma maneira que o pão da vida e o vestido da justiça de Cristo. Vosso Pai celeste sabe que tendes necessidade de todas estas coisas, e sois convidados a pedir-Lhas. É mediante o nome de Jesus que se recebe todo favor. Deus honrará esse nome, e suprirá vossas necessidades dos tesouros de Sua liberalidade.

Não esqueçais, porém, que, ao vos chegardes a Deus como vosso Pai, reconheceis vossa relação de filho. Não somente confiais em Sua bondade, mas em tudo vos submeteis ao Seu querer, sabendo que Seu amor é imutável. Entregai-vos para fazer-Lhe o serviço. Foi àqueles a quem Jesus mandou que buscassem primeiro o reino de Deus e Sua justiça, que Ele deu a promessa: "Pedi, e recebereis." João 16:24.

Os dons dAquele que tem todo poder no Céu e na Terra, estão reservados para os filhos de Deus. Dons tão preciosos que nos advêm por intermédio do precioso sacrifício do sangue do Redentor; dons que satisfarão os mais profundos anseios do coração; dons tão perduráveis como a eternidade, serão recebidos e gozados por todos os que se aproximarem de Deus como criancinhas. Tomai as promessas de Deus como vos pertencendo, alegai-as diante dEle como Suas próprias palavras, e recebereis a plenitude da alegria.

"Portanto, tudo o que vós quereis que os homens vos façam, fazei-lho também vós." Mateus 7:12.

A seguir a certeza do amor de Deus para conosco, Jesus recomenda amar-nos uns aos outros, em um vasto princípio que abrange todas as relações dos homens entre si.

Os judeus se interessavam no que deviam receber; a preocupação que os fazia ansiosos era garantir-se aquilo a que se julgavam com direito quanto ao poder, ao respeito e ao serviço. Cristo ensina, porém, que nossa ansiedade não devia ser: Quanto devemos receber? mas: Quanto podemos dar? A norma de nossa obrigação para com os outros é-nos apresentada naquilo que nós mesmos consideramos como sua obrigação para conosco.

Em vossa associação com outros, colocai-vos em seu lugar. Penetrai-lhes nos sentimentos, nas dificuldades, nas decepções, nas alegrias e tristezas. Identificai-vos com eles, e depois, fazei-lhes como, se se trocassem os lugares, desejaríeis que eles procedessem para convosco. Esta é a verdadeira regra da honestidade. É outra expressão da lei: "Amarás o teu próximo como a ti mesmo." Mateus 22:39. E isto constitui a substância dos ensinos dos profetas. É um princípio do Céu, e desenvolver-se-á em todos quantos se acharem habilitados a participar de sua santa convivência.

A regra áurea é o princípio da verdadeira cortesia, e sua mais genuína ilustração se manifesta na vida e no caráter de Jesus. Oh! que suave e bela irradiação partia da vida diária de nosso Salvador! Que doçura emanava só de Sua presença! O mesmo espírito se revelará em Seus filhos. Aqueles em quem Cristo habita, serão circundados duma atmosfera divina. Suas brancas vestes de pureza recenderão o perfume do jardim do Senhor. Seus rostos refletirão a luz do Seu, iluminando o trilho para pés fatigados e prontos a tropeçar.

Homem algum que tenha o verdadeiro ideal quanto a um caráter perfeito, deixará de manifestar o espírito de compreensão e ternura de Cristo. A influência da graça há de abrandar o coração, refinar e purificar os sentimentos, dando uma delicadeza e um senso de correção de origem celeste.

Mas há ainda uma significação mais profunda na regra áurea. Todo aquele que foi feito mordomo da multiforme graça de Deus, é chamado a comunicá-la a almas que jazem na ignorância e na treva, da mesma maneira que, estivesse ele no lugar dessas almas, desejaria que elas lha comunicassem. Disse o apóstolo Paulo: "Eu sou devedor, tanto a gregos como a bárbaros, tanto a sábios como a ignorantes." Romanos 1:14. Por tudo quanto tendes aprendido acerca do amor de Deus, por tudo quanto tendes recebido dos ricos dons de Sua graça acima da mais entenebrecida e degradada alma da Terra, sois devedores para com essa alma no sentido de lhe comunicar esse dons.

Da mesma maneira quanto aos dons e bênçãos desta vida: tudo quanto possuís acima de vossos semelhantes, coloca-vos, na mesma proporção, em débito para com os menos favorecidos. Possuamos nós fortuna, ou mesmo os confortos da vida, achamo-nos na mais solene obrigação de cuidar dos sofredores enfermos, das viúvas e dos órfãos, exatamente como desejaríamos que eles cuidassem de nós, caso se invertessem as condições.

A regra áurea, implicitamente, ensina a mesma verdade doutrinada algures no Sermão da Montanha, de que "com a mesma medida com que medirdes também vos medirão de novo". Aquilo que fazemos aos outros, seja bem ou seja mal, terá, certamente, sua reação sobre nós, quer em bênção quer em maldição. Tudo quanto dermos, havemos de tornar a receber. As bênçãos terrestres que comunicamos a outros podem ser, e são-no com freqüência, retribuídas em bondade. O que damos, é-nos muitas vezes recompensado, em tempos de necessidade, quadruplicado, na moeda do reino. Além disto, porém, todas as dádivas são retribuídas, mesmo aqui, em uma mais plena absorção de Seu amor, o que é o resumo de toda glória celeste e seu tesouro. E o mal comunicado volve também. Todo aquele que se tem sentido na liberdade de condenar ou levar outros ao desânimo, será, em sua própria vida, levado a passar pela experiência por que fez outros passarem; sentirá aquilo que eles sofreram devido à sua falta de compassiva compreensão e ternura.

É o amor de Deus para conosco que assim decretou. Ele nos quer levar a aborrecer nossa dureza de coração, e abrir o mesmo para que Jesus aí venha a habitar. E assim, do mal se produz um bem, e o que se afigurava maldição, torna-se bênção.

A norma da regra áurea é a verdadeira norma do cristianismo; tudo que a deixa de cumprir, é um engano. Uma religião que induz os homens a estimarem em pouco os seres humanos, avaliados por Cristo em tão alto valor que por eles Se deu; uma religião que nos leve a negligenciar as necessidades humanas, seus sofrimentos ou direitos, é religião espúria. Menosprezando os direitos do pobre, do sofredor e do pecador, estamo-nos demonstrando traidores a Cristo. É porque os homens usam o nome de Cristo ao passo que Lhe negam o caráter na vida que vivem, que o cristianismo tem no mundo tão pouco poder. O nome do Senhor é blasfemado por causa dessas coisas.

Nos dias em que a glória do Cristo ressurgido resplandecia sobre ela, foi dito da igreja apostólica que ninguém dizia "que coisa alguma do que possuía era sua própria". "Não havia pois entre eles necessitado algum." "E os apóstolos davam, com grande poder, testemunho da ressurreição do Senhor Jesus; e em todos eles havia abundante graça." "E, perseverando unânimes todos os dias no templo, e partindo o pão em casa, comiam juntos com alegria de coração, louvando a Deus, e caindo na graça de todo o povo. E todos os dias acrescentava o Senhor à igreja aqueles que se haviam de salvar." Atos 4:32, 34, 33; 2:46, 47.

Rebuscai o céu e a Terra, e não existe aí, revelada, uma verdade mais poderosa do que aquela que se manifesta em obras de misericórdia aos que necessitam de nossa simpatia e auxílio. Esta é a verdade tal como se encontra em Jesus. Quando os que professam o nome de Cristo praticarem os princípios da regra áurea, o evangelho será secundado pelo mesmo poder que o acompanhava na era apostólica.

"Estreita é a porta, apertado o caminho que conduz à vida." Mateus 7:14.

Nos dias de Cristo, o povo da Palestina vivia em cidades muradas, situadas, na maioria dos casos, sobre colinas e montes. As portas, que se cerravam ao pôr-do-sol, eram alcançadas por meio de caminhos íngremes e pedregosos, e o caminhante que se dirigia para casa ao fim do dia, tinha muitas vezes de o percorrer em ansiosa pressa, galgando a penosa subida, a fim de chegar à porta antes do cair da noite. O retardatário ficava de fora.

O estreito e ascendente caminho que conduzira ao lar e ao descanso forneceu a Jesus uma impressiva imagem do caminho cristão. A vereda que vos tenho proposto, disse Ele, é estreita; a porta é de difícil entrada, pois a regra áurea exclui todo orgulho e interesse egoísta. Há, na verdade, uma estrada mais larga; mas seu fim é a destruição. Se quereis galgar o trilho da vida espiritual, deveis ascender continuamente; pois sua direção é para cima. Precisais marchar com os poucos; a multidão preferirá o caminho descendente.

Na estrada que conduz à morte pode caminhar a raça inteira, com toda a sua mundanidade, todo o seu egoísmo, orgulho, desonestidade e aviltamento moral. Há espaço para as opiniões e doutrinas de todo homem, margem para seguir suas inclinações, para fazer seja o que for que lhe ditar o amor-próprio. A fim de andar pela estrada que leva à destruição, não é necessário procurar o caminho, pois larga é a porta, e espaçoso o caminho, e os pés se volvem naturalmente para a estrada que termina na morte.

O caminho para a vida, porém, é apertado, e estreita é a porta. Se vos apegais a qualquer pecado que vos rodeia, achareis o caminho demasiado estreito para poderdes entrar. Vossos próprios caminhos, vossa própria vontade, vossos maus hábitos e práticas, devem ser abandonados, se quiserdes prosseguir no caminho do Senhor. Aquele que quer servir a Cristo não pode acompanhar as opiniões do mundo ou satisfazer-lhe as normas. A vereda do Céu é demasiado estreita para as riquezas e as posições nela desfilarem, demasiado estreita para a ostentação de egocêntricas ambições, íngreme e acidentada demais para ser escalada pelos amantes da comodidade. Labuta, paciência, sacrifício, vitupério, pobreza, a contradição dos pecadores contra Si, eis a porção de Cristo, e o mesmo deve ser nosso quinhão se queremos entrar um dia no paraíso de Deus.

Todavia, não concluais que a vereda ascendente seja a penosa e a que vai em declive seja a cômoda. Por toda a estrada que conduz à morte há dores e penalidades, há aflições e desapontamentos, há advertências a não prosseguir avante. O amor de Deus tornou penoso os descuidosos e os obstinados se destruírem a si mesmos. Verdade é que a estrada de Satanás é arranjada de molde a parecer atraente, mas é tudo uma ilusão; há no caminho do mal acerbos remorsos e corrosivos cuidados. Podemos julgar aprazível seguir o orgulho e a ambição mundana; o fim disto, porém, é aflição e dor. Os planos egoístas talvez apresentem lisonjeiras perspectivas e acenem com a esperança de gozo; mas verificaremos que nossa felicidade é envenenada, e nossa vida amargurada pelas esperanças que se concentram no próprio eu. Na estrada descendente, talvez a entrada esteja adornada com flores, mas encontram-se espinhos no percurso. A luz da esperança que irradia à sua entrada, extingue-se nas trevas do desespero; e a alma que segue por esse caminho baixa às sombras de uma noite sem fim.

"O caminho dos prevaricadores é áspero", mas os da sabedoria "são caminhos de delícias, e todas as suas veredas paz." Provérbios 13:15; 3:17. Todo ato de obediência a Cristo, todo ato de abnegação por amor dEle, toda prova devidamente suportada, toda vitória ganha sobre a tentação, é um passo dado na marcha para a glória da vitória final. Se tomamos a Cristo como nosso guia, Ele nos conduzirá a salvo. O maior dos pecadores não precisa errar seu caminho. Nenhum trêmulo investigador precisa deixar de andar na pura e santa luz. Embora seja o caminho tão estreito, tão santo que nele não se tolera pecado algum, foi todavia garantido acesso a todos, e nenhuma duvidosa e tremente alma necessita dizer: "Deus não cuida de mim."

A estrada pode ser áspera, e a subida escarpada; pode haver precipícios à direita e à esquerda; talvez tenhamos de suportar fadiga em nossa jornada; quando cansados, quando ansiando repouso, poderemos ter de labutar ainda; talvez tenhamos de combater quando já desfalecidos; quando desanimados, precisamos ter ainda esperança; mas, com Cristo como nosso guia, não deixaremos de alcançar o desejado porto afinal. O próprio Cristo trilhou o rude caminho antes de nós, e suavizou-o para os nossos pés.

E por todo o íngreme trilho que ascende em direção à vida eterna, encontram-se nascentes de alegria para refrigerar o cansado. Os que andam pelo caminho da sabedoria são, mesmo quando atribulados, eminentemente jubilosos; pois Aquele a quem sua alma ama caminha, invisível, ao seu lado. A cada passo ascendente, percebem, mais distintamente, o contato de Sua mão; a cada passo mais fulgentes raios de glória vindos do Invisível lhes incidem na estrada; e seus hinos de louvor, alcançando sempre mais elevada nota, elevam-se para unir-se aos cânticos dos anjos perante o trono. "A vereda dos justos é como a luz da aurora que vai brilhando mais e mais até ser dia perfeito." Provérbios 4:18.

"Porfiai por entrar pela porta estreita." Lucas 13:24.

O retardado caminhante, apressando-se para chegar à porta da cidade ao pôr-do-sol, não se podia desviar por qualquer atração no caminho. Todo o seu pensamento se concentrava no único desígnio -- entrar pela porta. A mesma intensidade de propósito, disse Jesus, exige-se na vida cristã. Tenho desvendado perante vós a glória do caráter, que é a verdadeira glória do Meu reino. Ela não vos oferece nenhuma perspectiva de domínio terrestre; é, todavia, merecedora de vosso supremo desejo e esforço. Não vos chamo a combater pela supremacia do grande império do mundo, mas não deveis concluir daí que não haja batalha a ser travada, nem vitória a ganhar. Peço-vos que vos esforceis, que vos angustieis por entrar em Meu reino espiritual.

A vida cristã é uma batalha e uma marcha. Mas a vitória a ser ganha não é obtida por força humana. O campo de luta é o domínio do coração. A batalha que temos a ferir -- a maior de quantas já foram travadas pelo homem -- é a entrega do próprio eu à vontade de Deus, a sujeição do coração à soberania do amor. A velha natureza, nascida do sangue e da vontade da carne, não pode herdar o reino de Deus. As tendências hereditárias, os hábitos antigos, devem ser renunciados.

Aquele que determina entrar no reino espiritual, verificará que todas as forças e paixões de uma natureza não regenerada, fortalecidas pelos poderes das trevas, acham-se arregimentadas contra ele. O egoísmo e o orgulho tomarão posição contra tudo que os aponte como pecado. Não podemos, de nós mesmos, vencer os maus desejos e hábitos que lutam pela predominância. Não nos é possível dominar o poderoso inimigo que nos mantém em escravidão. Unicamente Deus nos pode dar a vitória. Ele deseja que tenhamos o domínio de nós mesmos, de nossa vontade e de nossos caminhos. Ele não pode, todavia, operar em nós contra o nosso consentimento e cooperação. O Espírito divino opera mediante as faculdades e poderes conferidos ao homem. Nossas energias são requeridas para cooperar com Deus.

A vitória não é ganha sem muita e fervorosa oração, sem a humilhação do próprio eu a cada passo. Nossa vontade não deve ser forçada a cooperar com os agentes celestes, mas voluntariamente sujeitada. Se fosse possível forçar sobre vós, com centuplicada intensidade, a influência do Espírito de Deus, isto não vos tornaria um cristão, um súdito apto para o Céu. A fortaleza de Satanás não seria derribada. A vontade deve ser colocada ao lado da vontade de Deus. Não sois capazes, de vós mesmos, de sujeitar vossos desígnios e desejos e inclinações à vontade de Deus; mas se estiverdes "dispostos a ser tornados voluntários", Deus efetuará a obra por vós, destruindo mesmos "os conselhos e toda a altivez que se levanta contra o conhecimento de Deus, e levando cativo todo o entendimento à obediência de Cristo". 2 Coríntios 10:5. Haveis de então operar "vossa salvação com temor e tremor; porque Deus é o que opera em vós tanto o querer como o efetuar, segundo a Sua boa vontade". Filipenses 2:12, 13.

São atraídos pela beleza de Cristo e a glória do Céu muitos que ainda recuam em face das condições indispensáveis a que as venham a possuir. Há no caminho largo muitos que não se acham plenamente satisfeitos com a estrada que vão palmilhando. Anseiam romper com a escravidão do pecado, e em sua própria força, põem-se em guarda contra seus maus hábitos. Olham para o caminho apertado e a porta estreita; mas o prazer egoísta, o amor do mundo, o orgulho, as ambições profanas, colocam uma barreira entre eles e o Salvador. Renunciar a sua própria vontade, suas predileções, seus empreendimentos, exige um sacrifício diante do qual hesitam, vacilam e tornam atrás. Muitos "procurarão entrar, e não poderão". Lucas 13:24. Desejam o bem, fazem algum esforço para obtê-lo; não o escolhem, porém; não têm um determinado propósito de o alcançar seja o custo qual for.

Nossa única esperança, se queremos vencer, é unir nossa vontade à vontade de Deus, e operar em cooperação com Ele hora a hora, dia a dia. Não nos é possível reter o eu, e não obstante entrar no reino de Deus. Se havemos de atingir um dia a santidade, será mediante a renúncia do próprio eu e a recepção da mente de Cristo. O orgulho e a suficiência própria devem ser crucificados. Estamos nós dispostos a pagar o preço que nos é exigido? Estamos dispostos a pôr nossa vontade em perfeita conformidade com a vontade de Deus? Até que estejamos prontos a fazê-lo, não pode a transformadora graça de Deus manifestar-se em nós.

A luta que nos cumpre travar, é o "bom combate da fé". "Também trabalho", disse o apóstolo Paulo, "combatendo segundo a Sua eficácia, que obra em mim poderosamente." Colossences 1:29.

Na grande crise de sua vida, Jacó retirou-se para orar. Estava cheio de um dominante propósito -- buscar a transformação de caráter. Mas, enquanto pleiteava com Deus, um inimigo, segundo supunha, colocou-lhe a mão em cima, e durante a noite toda ele lutou em defesa da própria vida. O propósito de sua alma, no entanto, não se alterou mesmo pelo perigo da vida. Esgotadas, quase, suas forças, o Anjo manifestou Seu divino poder e, a um toque Seu, Jacó reconheceu com quem estava lutando. Ferido e impotente, caiu ao peito do Salvador, rogando uma bênção. Não se desviaria nem deixaria de interceder, e Cristo assegurou a petição desta impotente e arrependida alma, segundo a Sua promessa: "Que se apodere da Minha força, e faça paz comigo; sim, que faça paz comigo." Isaías 27:5. Jacó pleiteou com um espírito determinado: "Não Te deixarei ir, se me não abençoares." Gênesis 32:26. Esse espírito de persistência foi inspirado por Aquele que lutou com o patriarca. Foi Ele que lhe deu a vitória, e mudou-lhe o nome de Jacó, para Israel, dizendo: "Como príncipe, lutaste com Deus e com os homens, e prevaleceste." Gênesis 32:28. Aquilo pelo que Jacó, em vão, lutara em sua própria força, foi ganho pela entrega de si mesmo e uma firme fé. "Esta é a vitória que vence o mundo, a nossa fé." 1 João 5:4.

"Acautelai-vos, porém, dos falsos profetas." Mateus 7:15.

Ensinadores da mentira surgirão a fim de desviar-vos do caminho apertado e da porta estreita. Acautelai-vos com eles; conquanto ocultos em peles de ovelhas, são interiormente lobos devoradores. Jesus dá uma prova pela qual os falsos mestres se podem distinguir dos verdadeiros. "Por seus frutos os conhecereis", diz Ele. "Porventura colhem-se uvas dos espinheiros ou figos dos abrolhos?"

Não nos é recomendado que os provemos por seus belos discursos e exaltadas profissões de fé. Devem ser julgados pela Palavra de Deus. "À Lei e ao Testemunho: se eles não falarem segundo esta Palavra, é porque não têm iluminação." "Cessa, filho meu, de ouvir a instrução, se é para te desviares das palavras do conhecimento." Isaías 8:20 (TT); Provérbios 19:27 (TB). Que mensagem trazem esses mestres? Acaso ela vos induz a reverenciar e temer a Deus? A manifestar vosso amor para com Ele mediante a lealdade a Seus mandamentos? Se os homens não sentem o peso da lei moral; se menosprezam os preceitos de Deus; se transgridem um dos mais pequenos de Seus mandamentos, e assim ensinam aos homens, não serão de nenhum valor aos olhos do Céu. Podemos saber que suas pretensões não têm fundamento. Estão fazendo justamente a obra que se originou com o príncipe das trevas, o inimigo de Deus.

Nem todos quantos professam Seu nome e Lhe usam a insígnia são de Cristo. Muitos que ensinaram em Meu nome, disse Jesus, serão afinal achados em falta. "Muitos Me dirão naquele dia: Senhor, Senhor, não profetizamos nós em Teu nome? e em Teu nome não expulsamos demônios? e em Teu nome não fizemos muitas maravilhas? E então lhes direi abertamente: Nunca vos conheci; apartai-vos de Mim, vós que praticais a iniquidade."

Pessoas há que acreditam estar direito, quando estão erradas. Ao passo que pretendem ter a Cristo por Seu Senhor, e professam fazer grandes obras em Seu nome, são obreiras da iniquidade. "Lisonjeiam com a sua boca, mas o seu coração segue a sua avareza." A Palavra de Deus é para eles "como uma canção de amores, canção de quem tem voz suave, e que bem tange; porque ouvem as Tuas palavras, mas não as põem por obra". Ezequiel 33:31, 32.

Uma mera profissão de discipulado, não tem nenhum valor. A fé em Cristo que salva a alma, não é o que muitos a representam ser. "Crede, crede", dizem eles, "e não necessitais guardar a lei." Mas uma crença que não leva à obediência, é presunção. Diz o apóstolo João:

"Aquele que diz: Eu conheço-O, e não guarda os Seus mandamentos, é mentiroso, e nele não está a verdade." 1 João 2:4. Que ninguém nutra a idéia de que providências especiais ou manifestações miraculosas devam ser a prova da genuinidade de sua obra ou das idéias que advogam. Quando as pessoas falam levianamente da Palavra de Deus, e colocam suas impressões, sentimentos e exercícios religiosos acima da norma divina, podemos saber que elas não têm luz.

A obediência é a prova do discipulado. É a observância dos mandamentos que prova a sinceridade de nossas profissões de amor. Quando a doutrina que aceitamos mata no coração o pecado, purifica a alma da contaminação, dá frutos para a santidade, podemos saber que é a verdade de Deus. Quando se manifestam na vida a beneficência, a bondade, a brandura de coração, o espírito compassivo; quando a alegria de fazer o bem nos enche o coração; quando exaltamos a Cristo e não ao próprio eu, podemos saber que nossa fé é da devida espécie. "E nisto sabemos que O conhecemos: se guardamos os Seus mandamentos." 1 João 2:3.

"E não caiu, porque estava edificada sobre a rocha." Mateus 7:25.

O povo ficara profundamente comovido com as palavras de Jesus. A divina beleza dos princípios da verdade os atraiu; e as solenes advertências de Cristo haviam-lhes soado como a voz de Deus que esquadrinha o coração. Suas palavras golpearam na própria raiz suas anteriores idéias e opiniões; obedecer-Lhe aos ensinos, exigiria uma mudança de todos os seus hábitos de pensar e agir. Pô-los-ia em choque com seus mestres religiosos, pois envolveria o desmoronamento de toda a estrutura que, por gerações, os rabis tinham estado a construir. Daí, se bem que o coração do povo correspondesse a Suas palavras, poucos estavam dispostos a aceitá-las como a norma de sua vida.

Jesus concluiu Seus ensinos no monte com uma ilustração que apresentava com frisante nitidez a importância de pôr em prática as palavras que Ele havia proferido. Entre as multidões que se comprimiam em redor do Salvador, muitos havia que tinham passado a vida nos arredores do mar da Galiléia. Ali, sentados na encosta do monte, a ouvir as palavras de Cristo, tinham diante de si vales e barrancos através dos quais fluíam as torrentes das montanhas em direção do mar. No verão, essas águas quase desapareciam, deixando apenas um seco e poento canal. Quando, porém, as tempestades do inverno rebentam sobre os montes, os rios, tornam-se impetuosas, devastadoras torrentes, inundando por vezes os vales, e carregando tudo em sua irresistível enchente. Freqüentemente, então, as choupanas erguidas pelos camponeses na relvosa planície e que, aparentemente, se achavam fora do alcance do perigo, eram arrebatadas. No alto da montanha, no entanto, achavam-se casas edificadas sobre a rocha. Em algumas partes do país havia moradas construídas inteiramente de rocha, e muitas delas tinham suportado as tempestades de um milênio. Essas casas haviam sido erguidas à custa de fadiga e árduo labor. Não eram de fácil acesso, e o local em que estavam não era convidativo como o do verdejante vale. Estavam, porém, fundadas sobre a rocha; em vão sobre elas batiam as enchentes e as tempestades.

Semelhante aos edificadores dessas casas nas rochas, disse Jesus, é aquele que receber as palavras que vos tenho falado, tornando-as o fundamento de seu caráter, de sua vida. Séculos atrás, escrevera o profeta Isaías: "A palavra de nosso Deus subsiste eternamente" (Isaías 40:8); e Pedro, muito depois de haver sido feito o Sermão da Montanha, citando essas palavras de Isaías, acrescentou: "Esta é a palavra que entre vós foi evangelizada". 1 Pedro 1:25. A Palavra de Deus é a única coisa estável que nosso mundo conhece. É o firme fundamento. "O céu e a Terra passarão", disse Jesus, "mas as Minhas palavras não hão de passar." Mateus 24:35.

Os grandes princípios da lei, da própria natureza de Deus, acham-se contidos nas palavras de Cristo no monte. Quem quer que edifique sobre eles, está edificando sobre Cristo, a Rocha dos séculos. Ao receber a Palavra, recebemos a Cristo. E só os que assim recebem Suas palavras estão construindo sobre Ele. "Ninguém pode pôr outro fundamento, além do que já está posto, o qual é Jesus Cristo." 1 Coríntios 3:11. "Debaixo do céu nenhum outro nome há, dado entre os homens, pelo qual devamos ser salvos." Atos 4:12. Cristo, a Palavra, a revelação de Deus -- a manifestação de Seu caráter, Sua lei, Seu amor, Sua vida -- é o único fundamento sobre que podemos edificar um caráter que subsista.

Edificamos sobre Cristo mediante o obedecer a Sua Palavra. Não é o que meramente se compraz na justiça, o que é justo, mas aquele que pratica a justiça. A santidade não é enlevo; é o resultado de entregar tudo a Deus; é fazer a vontade de nosso Pai celeste. Quando os filhos de Israel se achavam acampados nas fronteiras da Terra Prometida, não lhes era necessário apenas ter conhecimento de Canaã ou cantar os hinos de Canaã. Isto só por si não os levaria à posse das vinhas e olivais da boa terra. Só a poderiam tornar deveras sua, pela ocupação, mediante o cumprimento das condições, o exercício de uma viva fé em Deus, o apoderarem-se de Suas promessas, enquanto Lhe obedeciam às instruções.

A religião consiste em praticar as palavras de Cristo; não praticá-las para granjear o favor de Deus, mas porque sem nenhum merecimento de nossa parte, recebemos o dom de Seu amor. Cristo faz depender a salvação do homem, não meramente da profissão, mas da fé que se manifesta em obras de justiça. Agir, não simplesmente dizer, eis o que se espera dos seguidores de Cristo. É por meio da ação que se edifica o caráter. "Todos os que são guiados pelo Espírito de Deus esses são filhos de Deus." Romanos 8:14. Não aqueles cujo coração é tocado pelo Espírito, não aqueles que de quando em quando se submetem ao Seu poder, mas os que são guiados pelo Espírito, são os filhos de Deus.

Acaso desejais ser seguidor de Cristo, todavia não sabeis como começar? Estais em trevas, e não sabeis como encontrar a luz? Segui a luz que tendes. Assentai em vosso coração obedecer ao que conheceis da Palavra de Deus. Seu poder, Sua própria vida, residem em Sua Palavra. À medida que recebeis a Palavra com fé, ela vos comunica poder para obedecer. Ao passo que dais atenção à luz que tendes, maior luz vos advirá. Estais edificando sobre a Palavra de Deus, e vosso caráter será formado à semelhança do caráter de Cristo.

Cristo, o verdadeiro fundamento, é uma pedra viva; Sua vida se comunica a todos quantos se acham edificados nEle. "Vós também, como pedras vivas sois edificados casa espiritual." "No qual todo edifício, bem ajustado, cresce para templo santo no Senhor." 1 Pedro 2:5; Efésios 2:21. As pedras se tornam uma com o fundamento; pois uma mesma vida se acha em todas. Esse edifício, tempestade alguma pode derribar; pois

"O que de Deus a vida compartilha, Com Ele a tudo sobreviverá."

Mas todo edifício edificado sobre outro fundamento que não seja a Palavra de Deus, ruirá. Aquele que, como os judeus do tempo de Cristo, edifica sobre a base de idéias e opiniões humanas, de formas e cerimônias inventadas pelos homens, ou sobre quaisquer obras que possa fazer independentemente da graça de Cristo, está erigindo sua estrutura de caráter sobre a movediça areia. As terríveis tempestades da tentação hão de varrer o arenoso fundamento, deixando em ruínas sua casa, na praia do tempo.

"Portanto assim diz o Senhor Jeová:... Regrarei o juízo pela linha, e a justiça pelo prumo, e a saraiva varrerá o refúgio da mentira, e as águas cobrirão o esconderijo." Isaías 28:16, 17.

Hoje, porém, a misericórdia pleiteia com o pecador. "Vivo Eu, diz o Senhor Jeová, que não tenho prazer na morte do ímpio, mas em que o ímpio se converta do seu caminho, e viva: convertei-vos, convertei-vos dos vossos maus caminhos; pois por que razão morrereis?" Ezequiel 33:11. A voz que hoje fala ao impenitente é a voz dAquele que, em angústia de coração, exclamou ao contemplar a cidade amada: "Jerusalém, Jerusalém, que matas os profetas, e apedrejas os que te são enviados! Quantas vezes quis Eu ajuntar os teus filhos, como a galinha aos seus pintos debaixo das asas, e não quiseste? Eis que a vossa casa se vos deixará deserta." Lucas 13:34, 35. Em Jerusalém contemplou Jesus um símbolo do mundo que Lhe rejeitara e desprezara a graça. Ó coração obstinado, Ele chorava por ti! Mesmo quando as lágrimas de Jesus eram vertidas sobre o monte, Jerusalém ainda se poderia haver arrependido, escapando à sua condenação. Por um pouco ainda esperava o Dom do Céu por sua aceitação. Assim, ó coração, Cristo ainda te fala em acentos de amor: "Eis que estou à porta, e bato: se alguém ouvir a Minha voz, e abrir a porta, entrarei em sua casa, e com ele cearei, e ele comigo." "Eis aqui agora o tempo aceitável, eis aqui agora o dia da salvação." Apocalipse 3:20; 2 Coríntios 6:2.

Vós que apoiais vossa esperança no próprio eu, estais edificando na areia. Não é, porém, demasiado tarde para escapar da iminente ruína. Antes que irrompa a tempestade, fugi para o firme fundamento. "Assim diz o Senhor Jeová: Eis que Eu assentei em Sião uma pedra, uma pedra já provada, pedra preciosa de esquina, está bem firme e fundada; aquele que crer não se apresse." "Olhai para Mim, e sereis salvos, vós, todos os termos da Terra; porque Eu sou Deus, e não há outro." "Não temas, porque Eu sou contigo; não te assombres, porque Eu sou teu Deus: Eu te esforço e te ajudo, e te sustento com a destra da Minha justiça." "Não sereis envergonhados nem confundidos em todas as eternidades." Isaías 28:16; 45:22; 41:10; 45:17.

Livros para continuar a compreender esta preciosa mensagem de salvação

1. 1888 Materiais, Ellen G. White (A4).*

2. Parábolas de Jesus (A4).

3. A ciência do bom viver (A4).

4. Herido en Casa de sus Amigos, Ron Duffield (A4).

5. Carta aos Romanos, E. J. Waggoner (A4).

6. Cristo e sua Justicia, E. J. Waggoner (A4).

7. As Boas Novas: Gálatas versículo a versículo, E. J. Waggoner (A4).

8. A Historia do Profeta de Patmos, Haskell

9. O verbo se fez carne, Ralph Larson

10. Tocado por nossos sentimentos, Jean Zurcher

11. O concerto Eterno, E. J. Waggoner (A4).

12. O Caminho Consagrado a Perfeição Crista, A. T. Jones

13. Educação, Ellen G. White (A4).

14. Lições da Vida de Neemias, Ellen G. White (A4).

15. Liderança Cristã, Ellen G. White (A4).

16. Santificação, Ellen G. White (A4).

***MAIS LIVROS EM BREVE

** Tamanho do livro e impressão EM GRANDE FORMATO

Para obter estes livros por caixa (40% de desconto) ou um catálogo com mais publicações, escreva-nos:

lsdistribution07@gmail.com

www.ingramcontent.com/pod-product-compliance
Lightning Source LLC
Chambersburg PA
CBHW080900010526
44118CB00015B/2211